프로 일잘러

일하는 사람 말고,
일 '잘하는' 사람

프로
일잘러

유꽃비 지음

막다른 길에 가로막히면, 길을 아예 뚫어버리는
일잘러의 심상찮은 인사이트!

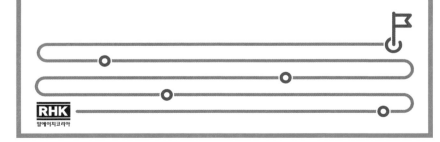

RHK
알에이치코리아

.

    최근에 기독교 학교인 모교로부터 예배 특강 강사로 서달라는 요청이 들어왔다. 나같이 불순한(?) 사람이 해도 되겠냐고 여쭤봤더니 불순해서 더욱 좋다고 대답하셨다. 맞는 말이다. 내가 크게 대단하지 않아서 오히려 많은 사람들에게 공감이 되는 얘기를 할 수 있을 것 같다는 생각이 들었다. 그것이 내가 이 책을 쓰게 된 계기다. 특별하지 않은 내가 특별해질 수 있었던 이야기를 들려주고 싶었다.

    방송의 위력이 대단하긴 하다. 그저 유느님 한번 뵙고 싶어 앞뒤 안 재고 출연했던 방송이었는데, 그 이후로 삶에 많은 변화가 생겼다. 많은 사람들의 응원과 다양한 제안을 받게 된 것이다. 장난기가 다분하다는 것 외에 그다지 특별할 것 없는 사람이라고 스스로 생각해 왔는데 사람들 눈에는 굉장히 특이하고 재미있는 캐릭터였나 보다. 그저 온갖 고난과 역경이 난무하는 사회생활에도 굴하거나 쓰러지지 않은 말괄량이 정도인데 말이다.

다만 모두들 '최초First'라는 타이틀에만 큰 의미를 부여한다는 점이 아쉬웠다. '최초'의 여성 영업 사원이라는 타이틀이 나 또한 소중하고 감사하다. 하지만 내게는 최초보다 '최후Last'라는 것에 더 큰 의미가 있다. 즉 '최장기' 여성 영업 사원이 내게는 더 중요하다. '최초'는 100퍼센트 내 힘으로 얻은 것이 아니지만 '최장기'는 오롯이 내 내공과 내력으로 얻어낸 타이틀이기 때문이다.

최초에서 최후가 되기까지, 어떤 생각과 마음으로 버텨왔는지 여러분들에게 들려주려 한다. 막상 얘기를 들어보면 여러분들과 내가 크게 다르지 않다는 것을 알게 될 것이다. 매 순간 쉽지 않은 여정이었지만 신념을 지키며 이기기보다 지지 않기 위해 노력해 온 날들이 쌓여 오늘에 다다랐을 뿐이다.

다만 가뜩이나 회사에서 나의 나댐(?)을 적극 경계하고 있는데다, 나도 너무 독기를 품고 쓴 부분이 있는 것 같아 다소 염려가 된다. 한 치의 거짓 없이 썼지만 혹시나 여러분들이 이 책을 통해 우리 회사에는 이상한 사람들만 모여 있는 것으로 오해할까 봐 걱정된다. 그러나 당연히! 직장인이라면 모두들 겪어봤을 어려운 상황 속에서도 지지 않고 열일하는 사우들이 대부분이다.

짧지 않은 기간 동안, 아이와 신랑을 재우고 매일 밤 혼자 글을 써 내려갔다. 몸은 힘들었지만 마음만은 즐겁게 작업했다. 내 얘기를 세상에 내어놓으려니 쑥스럽기도 하고 기대도 된다.

한 명의 아기를 잘 키우기 위해서는 온 마을의 도움이 필요하다는 말이 있다. 어른이 된 지금도 마찬가지인 것 같다. 내 역할들을 제대로 해내기 위해서도 많은 도움이 있어야 하더라. 지나치게 적극적인 삶을 사는 와이프를 위해 항상 배려하고 양보하는 우리 신랑, 딸내미가 야근하면 덩달아 육아 야근을 해주시는 부모님, 정신적 버팀목이자 경제적 후원자인 동생 단비와 나의 가장 큰 웃음 버튼인 제부 형석 오빠, 며느리의 가장 큰 팬이신 시부모님이 가장 큰 에너지의 원천이다. 또한 회사 안팎에서 지지와 응원을 보내주시는 많은 지인들 덕분에 매일 아침을 힘내서 시작할 수 있는 것 같다. 책을 쓰며 지나온 시간들을 뒤돌아보니 정말 많은 사랑과 배려를 받고 있다는 것을 깨달았다. 너무 감사해서 몸 둘 바를 모르겠다. 조금 더 좋은 사람이 되어 받은 사랑에 보답할 수 있는 유꽃비가 되고 싶다.

코로나19가 잠잠해지면 여러분들과 직접 마주할 수 있는 기회가 생기길 바라며…… 그때까지 모두 건강하고 행복하기길.

유꽃비

목차

1장

사회생활 짬밥은
피눈물의 대가

애정으로 시작해 열정으로 일하자
누구나 할 수 있는 실수, 질책보다 해결이 먼저다
때로는 제로가 아니라 마이너스에서 시작해야 한다
회사가 아무리 싫어도 내 업무는 철저히 하자
'좋은 게 좋은 거'라는 말은 회사에서 통하지 않는다
이왕이면 실현 가능성이 높은 요행을 바라자

애정으로 시작해
열정으로 일하자

 지겹도록 들은 말이지만 우리는 끊임없는 경쟁 시대 속에서 살고 있으며 매 순간 상대적인 평가를 받는다. 대다수가 좋은 대학교와 대기업에 가고 싶어 하기 때문에 사람들을 줄 세워 평가하는 방법은 영원할 것이다. 이제 막 사회생활을 시작하는 초년생들이 당황하는 부분들 중 하나는 '열심히는 당연하고, 잘해야 한다'는 것이다. 태어나서 12년의 정규 교육 과정 동안 '열심히 하면 결국 잘된다'고 배워왔는데, 직장에 들어와 보니 열심히 하는 것과 잘하는 것은 달랐다. 아무리 열심히 해도 '잘하는 사람'이 될 수 없는 상황을 직접 경험하게 된다. 또한 나보다 잘하는 누군가와 비교당하는 일이 계속되면 우리는 열심히 할 수 있는 힘조차 잃어버린다. 그렇다고 회사를 그만둘 수도 없는 노릇이다. 다른 곳에 가도 마찬가지니까. 어떻게 해야 이 지긋지긋한 굴레를 슬기롭게 극복할 수 있을까?

그러려면 일단 내가 주류업계로 들어온 이야기부터 해야 할 것 같다. 일단 나는 술이 너무 좋았다. 대학에 들어가 술을 마시게 되면서부터 술자리와 사람들이 말로 표현할 수 없을 만큼 좋았다. (당시 술을 잘 마시진 못했다.) 술 없이도 정신 놓고 놀 수 있었지만 술이 들어가면 더욱 신이 났다. 부모님께는 죄송하지만, 사실 대학 수업을 땡땡이친 적은 있어도 술자리를 땡땡이치는 날은 없었다. 술자리를 너무 좋아하다 보니 고등학교 친구가 다니는 대학교의 고교 동문회까지도 빠지지 않고 참석할 정도였다. 언젠가는 나보고 동문회 회장을 맡으라는 우스갯소리도 나온 적이 있다. 학번 차이가 많이 나는 그 학교 후배들은 '나'라는 존재 자체가 미스터리였다고 한다. 그 정도로 술을, 특히 소주를 좋아했다.

당시 입사 지원했던 그룹에는 굉장히 다양한 계열사가 있었지만, 망설임 없이 주류를 선택한 건 자연스러운 수순이었다. 일단 술은 내가 사랑해 마지않는 것이었고, 활동적이고 적극적인 성격이 영업 직군에 잘 맞을 것 같았다. 일이라는 것이 쉬울리 만무하겠지만 최소한 좋아하는 일을 하면 덜 힘들 거라는 계산이 깔려 있었다. 실제로 입사 후 매일 아침 출근이 기다려질 정도로 일이 좋았고 그 덕에 지치지 않고 달릴 수 있었다. 동생을 비롯한 주변 사람들은 주류 회사에 입사한 나를 보고 그렇게 술을 좋아하더니 결국 직업도 술을 택했냐며 천직을 얻었다고 할 정도였다. 술 회사니 술만큼은 원 없이 먹겠다는 우스갯소리도 많이 들었다. 실제로 회사에 들어온 뒤로 집에서 마시는 것 외에는 내 돈으로 술을 마신 적이 거의 없다.

그러나 대부분의 직장인들과 마찬가지로 나 또한 10여 년의 회사 생활이 쉽기만 한 건 아니었다. 당장 때려치우고 싶던 적도 적잖이 있었고 진지하게 이직을 고민했던 날도 많았다. 하지만 주류업이 아닌 다른 분야로의 이직은 생각해 본 적도 없다. 그만큼 술이 좋다. 아무리 회사 일로 짜증나고 속상해도 막상 식당에 가면 다른 사람들이 어떤 술을 마시는지 항상 확인했고, 자사 술을 마시는 사람들을 보면 그렇게 감사하고 좋았다. 지금도 자사 술인 '처음처럼'을 마시는 분들에게 따봉을 날리다가 꽤 자주 오해를 사고 있으며, '처음처럼'을 드시는 손님들의 테이블에 사비로 술을 한 병 사드리는 날도 많다. 회사가 밉고 싫어도 '처음처럼'이 싫었던 적은 결코 단 한 번도 없다.

한번은 지인들과 함께 간 여행에서, 지인들이 날 놀리려고 일부러 경쟁사 제품 2병을 몰래 사온 적이 있다. 그때 그들은 내 패악질에 경기를 일으킬 정도로 당황했고, 지금까지도 경쟁사 술은 입에도 대지 않는다. 이렇게 '처음처럼'에 대한 내 끝없는 사랑을 지인들도 잘 알고 있기에 내가 없는 자리에서도 그들은 홍보대사를 자처하며 인증샷을 보내준다. 정말 감사한 일이 아닐 수 없다. '처음처럼' 시장점유율이 오른다고 내게 직접적인 혜택이 오는 건 아니지만 시장점유율이 오르면 그렇게 기분이 좋다.

쉽진 않겠지만 가능하다면 좋아하는 일을 선택하라고 권하고 싶다. 평생직장의 개념이 사라진 지는 오래지만 정말 좋아하는 일을 한다면, 일을 일로만 치부하지 않고 더욱 열정적으로 임할 수 있을 것이다. 또한 궁극적으로 자기 발전까지도 이룰 수 있다고 생각한다.

직장 생활 15년차인 나의 소원은 여전히 '처음처럼'이 전국 시장점유율이 1위를 달성하는 것이다. 워낙 막강한 경쟁 제품이 있지만 모두가 진심을 담아 노력한다면 불가능한 일은 아닐 거라고 생각한다. 그것이 영하 10도의 추운 날씨에도 내가 상권으로 향하는 이유다.

누구나 할 수 있는 실수,
질책보다 해결이 먼저다

회사에서의 실수는 다른 실수보다 데미지가 크다. 금전적 손해가 직접적으로 발생할 수 있기 때문이다. 신입 사원 때 처음으로 했던 실수가 아직도 생생하다. 주류의 경우, 우리 회사와 같은 제조사는 1차처(주류 도매상)를 거쳐 2차처(음식점, 호텔 등)로 납품되며, 판매 대금은 주로 1차처에서 회사로 입금하기 때문에 대금을 직접 결제할 일이 거의 없다. 당시 내가 유일하게 판매 대금을 결제하던 곳은 국가에서 운영하는 한 카지노였다. 실수가 있던 그

날은 입사한 이후 처음 맞는 마감일이었다. 결제단말기로 거래처 담당자와 결제를 진행하는데 지하 3층이라 그런지 신호가 잘 잡히지 않았다. 제대로 결제가 진행되지 않아 애를 먹는 나를 본 타사 직원이 조금 더 신호가 강하게 잡히는 곳에서 결제를 도와주었다. 그렇게 마감 업무를 마치고 사무실로 복귀했는데 난리가 났다. 아까 했던 결제가 중복으로 두 번 진행되어 카지노 측에서 중복 결제된 금액을 당장 재입금해 줄 것을 요구한 것이다. 어느 곳이든 마감 시제를 맞춰야 하니 카지노로서는 당연한 요청 사항이었지만, 우리 회사의 프로세스상 당일 현금 입금은 불가능했다. 더군다나 예상하지 못했던 일이라 현금 입금에 대한 품의서도 작성되지 않은 상황이었다.

당황한 나는 바로 지점장님께 이 사실을 보고드렸고 지점장님께서는 본사 재무 팀과 거래처를 번갈아 통화하며 문제를 해결하고자 애쓰셨다. 그런데 지점장님께서는 발 빠르게 일을 처리하실 뿐 한 마디 질책도 없으셨다. 정말 단 한 마디의 질책도 하지 않으셔서 오히려 내가 의아할 정도였다. 수많은 거래처의 매출과 채권을 점검하고 매출 목표를 맞춰야 할 시간에 내 실수를 해결하기 위해 고군분투하시는 지점장님의 모습을 보고 있자니 말 그대로 좌불안석이었다. 당시 우리 지점은 말일에 마감을 마치고 다 같이 회식을 하는 문화가 있었다. 어렵사리 마감을 마친 그날도 회식을 했는데 지점장님께선 지치셨는지 연거푸 술을 들이키셨다. 약간 취기가 오르신 지점장님께서 나를 부르시며 말씀하셨다. "꽃비야, 다시는 거래처 결제 가지 마라. 오늘 죽는 줄 알았다." 그 말을 들으니 불편했던 마음이 사르르 녹으며 웃음이 났다.

어떤 일이든 '처음'은 특히나 기억에 남는다. 회사에서의 첫 실수가 엄청난 것이었음에도 불구하고 지점장님의 위트있는 꾸중으로 마무리되었다. 이미 벌어진 일에 대해 질책하고 화내봤자 상황은 변하지 않으며, 해결이 먼저라는 것을 그때 제대로 배웠다. 그래서 나중에 내가 관리자가 된다면 지점장님처럼 하겠다, 다짐했다.

시간이 흘러 어느덧 내가 팀장이 되었다. 하루가 멀다 하고 생각지도 못한 일들이 발생했다. 하지만 직원들의 실수에 대해 바로 질책한 적은 단연코 없다. 야구광으로서 어떤 일이든 투아웃까지는 너그러이 기회를 주기로 다짐하고 살았고 이 다짐을 어긴 적은 없다. (단, 삼진아웃은 영원히 끝이다!)

한번은 운전 중에 모르는 번호로 전화가 와서는 당신이 유꽃비 팀장이냐고 물어왔다. 그렇다고 답하자마자 생전 들어본 적

없는 험한 말들이 수화기 너머에서 쏟아져 나왔다. 당황한 나
는 누구시냐고 여쭤봤다. 정체는 바로 평소 우리의 우호 거래
처였던, 카리스마 넘치는 고깃집 사장님이셨다. 내용을 들어보
니 고깃집 담당자였던 팀원이 약속한 날짜에 행사 배너를 가지
고 오지 않아 계획된 행사에 차질이 생겼다는 것이다. 화가 난
사장님께서 당장 팀장 전화번호를 말하라 했지만, 겁에 질린
팀원은 내 전화번호를 알려주지 않았고, 화가 머리끝까지 난
사장님은 평소 가게 단골이었던 우리 회사 본부장님에게까지
전화를 걸어 내 번호를 전달받았다고 한다. "유꽃비 네 번호는
무슨 금 번호야? XXXX, 내가 이 동네에서 발 못 붙이게 해줘?
나 미친 또라이인 거 제대로 보여줘? 이런 XXXX." 그야말로
정말 생난리가 났다. 놀란 나는 바로 해당 거래처로 운전대를
돌렸다. 상황을 파악하며 바삐 가던 도중에 본부장님께 전화가
왔다. 고깃집 사장님이 화가 많이 나서 본인에게까지 전화가
왔으니 당장 달려가서 사과부터 하고 해결하라는 지시였다. 나
는 이 통화를 계기로 본부장님을 손절(?)했다. 사유야 어찌되었
든 자신의 부하 직원에게 쌍스러운 말을 하며 함부로 구는 사
람 아니던가? 어떤 걱정이나 위로의 말도 없이 무작정 고개부
터 조아리라니…….

가는 길에 잘 아는 배너 업체에 제작 및 배송을 급하게 부탁했다. 가게에 도착하니 여전히 흥분을 가라앉히지 못한 사장님께서 더 격앙된 상태로 쏘아붙이셨다. 그러나 이건 생각보다 단순한 문제였다. 상대방이 바라는 것을 들어주면 되는 거였다.

진심 어린 사과가 전혀 소용이 없었음에도 나는 계속 해서 고깃집 사장님께 사과드렸다. 30여 분간 쉬지 않고 사과했을까. 부엌에서 보란 듯이 칼을 갈며 내 사과에 귀를 기울이지 않던 사장님께서 어느 정도 화가 누그러지기 시작했다. 그리고 1시간 안에 행사 배너가 도착할 것이라고 말씀드리자 "그래! 이렇게 해줄 수 있는 건데 안 한거잖아!"라고 다시금 흥분하셨지만 이내 누그러드셨다. 한 시간 내내 사과만 하던 나를 지켜본 담당 사원과 파트장님(중간 관리자)은 밖으로 나오자마자 나에게 죄송하다고 말했다. 험한 말 대잔치라면 나도 어디 가서 지지 않는 사람이라 그깟 번호를 왜 안 드려서 일을 이렇게까지 키웠는지, 우선순위 파악이 안 되냐고 따지고 싶었지만 단 한 마디의 질책도 하지 않았다. 마음속 깊은 곳에서부터 끓어오르는 분노로 아마 내 눈에서 레이저가 나오고 있었겠지만, 해결됐으니 가라는 말만 했다.

그러고는 지척에서 근무하고 있는 절친을 만나서 힘들었던 일을 하소연하고 싶었다. 하지만 그 친구 얼굴을 봤다간 눈물부터 날 것 같아서 혼자 커피숍에 들러 카모마일차를 마시며 마음을 진정시켰다. 원래 월급에는 거지 같은 일(또는 사람)을 참는 비용도 포함된 게 아니던가. 내 월급으로 치면 이 정도 거지 같은 일은 1년에 한 번만 일어나야 할 것 같긴 하지만……

어쨌든 일을 해결했으니 이것으로 되었다. 담당 사원이나 파트장을 질책하지 않은 내 스스로의 모습을 대견하며 돌아오는 길에 신입 시절 지점장님을 떠올렸다. 마음에 새겼던 것을 스스로 실천할 줄 아는 사람이 된 것 같아 괜시리 뿌듯했다. 이미 벌어진 일이었다. 화내고 짜증을 낸다고 상황이 변하지 않는데 굳이 그럴 필요가 있겠는가? 그럴 시간에 신속하게 처리 방안을 찾아 해결하는 것이 낫다. 의도치 않은 실수와 사고는 언제든 일어나기 마련이므로.

황당한 것은 담당 사원에게 단 한 마디의 질책도 하지 않았음에도 불구하고 그는 다음 날 심근경색이 와서 출근하지 못했다. 엄마 말씀처럼 눈총도 총이었나 보다. 앞뒤 사정을 잘 모르는 직원들은 내가 담당자를 쥐 잡듯이 잡아서 그런 줄 알 텐데 이 얼마나 억울한 일인가!

다툼이나 언쟁이 있으면 신속하게 풀고자 한다. 업무적으로 연관된 일은 특히 그러려고 애쓴다. 하지만 이 경우에는 고깃집 사장님께 시간을 좀 드렸다. 뒤돌아 생각했을 때 민망하실 수 있을 거라 생각했기 때문이다. 며칠 지나, 가락시장에서 제일 큰 수박을 사서 사장님을 찾아뵈었다. 약간 어색한 기류가 흘렀지만 다행히 반갑게 맞아주셨다. 내가 너스레를 떨며 요즘 업무로 많이 힘든데 오히려 살이 찌는 것 같다고 하자 사장님은 눈을 흘기시면서 말씀하셨다. "내가 또 살 한번 빠지게 해줘?"

후에 술잔을 함께 기울이면서 본인이 대기업에 다닐 때 갈짢게 구는 임원 뺨까지 때린 일화도 말씀해 주실 만큼 우리는 가까워졌다.

이제 고깃집 사장님은 우리 회사 맥주 신제품이 나오면 가장 먼저 입점해 주시고, 나아가 손님들께 권유하는 열정도 보여주셨다. 그래서일까? 맥주 신제품이 전국 판매량 순위권에 들기도 했다. 찾아뵐 때마다 항상 갓 지은 밥을 내어주시고 고기도 직접 구워주시는 등 가장 감사한 거래처 중 하나가 되었다. 누구나 실수는 할 수 있지만 어떻게 처리하느냐에 따라 상대를 더욱 내 편으로 끌어올 수도 있고, 영원히 떠나보낼 수도 있는 것이다.

때로는 제로가 아니라
마이너스에서 시작해야 한다

 회사가 됐든 개인적인 모임이 됐든 무리 중에
이런 사람 한 명쯤은 꼭 있다.

　남에게 싫은 소리 못하고, 부탁이란 부탁은 다
들어주면서 일 처리나 업무는 꽝인 사람. 모나기라도 하면 타
박이라도 할 텐데 성격은 둥글둥글해 허허실실로 잘 웃는 사
람. 웃는 얼굴에 침 못 뱉는다고 혼내기도 애매한 사람. 차라리
성격이 조금 모나도 업무를 깔끔하게 처리하는 사람이 낫지,
성격은 좋은데 업무를 못하는 사람은 참 별로다.

예전 관리자 중 한 분인 A가 그랬다. 둥글둥글한 인상에 항상 웃는 얼굴. 술을 워낙 좋아하셔서 매일 거래처와 술을 마시고, 거래처에서 부탁하면 거절하지도 않고 다 들어주시는……. 그런데 이렇게 부탁을 거절하지 않고 다 들어주다 보면 누군가는 그 뒤치다꺼리를 해야 하는데 그게 바로 나였다. 실제로 나는 한동안 여기저기 약속한 '처음처럼' 지원 약속—10여 년 전에는 제품 홍보를 목적으로 한 무상주 지원이 가능했다—을 처리하느라 분주했다. 회삿돈도 엄연한 돈인데 왜 그리 회삿돈으로 본인이 생색을 내고 호의를 베풀며 다니시는지. 회삿돈을 함부로 쓰는 사람은 일단 걸러야 한다. 다른 업무 중에도 '처음처럼'을 구입하러 다녀야 했던 경우가 허다했지만 이 정도는 약과였다.

　업무적으로 존경할 만한 사람이 아니라는 것은 인수인계 첫날, 거래처를 처음 방문했을 때 눈치챌 수 있었다. 거래처는 ㄱ호텔이었는데, 호텔 관계자 2명이 등을 돌리고 우리를 쳐다보지도 않았다. 관리자가 인사를 건네자 "그렇게 안 오더니 어쩐 일이냐"고 하는 것을 보고 그동안 그분이 성실하시진 않았구나 싶었다. 거래처 방문 횟수가 능력의 척도일 수는 없으나, 최소한 성실함의 척도는 될 수 있다. 첫 만남에서 등돌렸던 거래처를 내게 먼저 손을 내밀어 주시는 우호 거래처로 만들기까지는 적잖은 시간과 노력이 들었다.

제로가 아닌 마이너스에서 시작했기에 더욱 쉽지 않은 일이었지만 그때 깨달은 바가 있다. 나와 우리 회사에 대한 기대가 거의 없는 거래처라면 오히려 내게 유리하게 작용한다는 것을……. 전임자가 일을 무책임하게 해놓은 상태라 내가 시간 약속만 제대로 지켜도, 거래처에서 요청한 사항들을 문제없이 진행하기만 해도, '이 사람은 다르다'라는 플러스 평가를 받으며 호감을 샀기 때문이다. 물론 이렇게 되기 위해서는 해당 거래처의 신뢰를 회복하기 위해 지속적으로 진심 어린 노력을 해야 한다.

주류의 특성상 도매상을 통해 호텔로 납품할 때, 프로모션을 진행하는 일정 기간 동안 해당 와인을 저렴하게 납품한다. 이런 경우 호텔에 납품하는 도매상의 행사 품목 입고 가격 또한 조정되어야 도매상이 손해 보지 않고 마진을 취할 수 있다. 그런데 전임자는 이런 조정 작업을 계속 누락했고 당연히 그 도매상은 제품을 납품할 때마다 손해를 보았다. 도매상은 전임자에게 조정 처리를 계속 요청했지만 그는 일 처리를 미루고 미루다 결국 도매상과 우리 회사 채권 사이에 큰 금액 차이를 발생시키고 말았다.

그 도매상을 담당하게 된 후, 해당 사실을 인지한 나는 최근부터 역순으로 행사 품목에 대한 조정을 진행했다. 기한 내에 이루어지지 못한 가격 조정에 대해 품의서까지 작성하며 채권 차이를 해결하고자 노력했다. 하지만 40만 원 남짓한 금액은 도저히 처리할 방법이 없었다. 이렇게 되면 결과적으로 영업 사원의 매출 발생에 문제가 생긴다. 나는 결국 마지막 차이 금액을 개인 비용으로 메꿨다. 돈의 크기를 떠나서 성의를 보이고 싶었다. 그렇게 차이 금액을 떠안은 나는 대신 앞으로 우리 제품, 우리 거래처에 더욱 신경을 써주십사 부탁드렸다. 채권 차이가 발생하면 도매상 측 근무자들도 곤란하긴 마찬가지라 그들은 나의 지속적인 노력과 깔끔한 처리에 큰 감사를 표했다.

이후 서로 신의가 생겨 내가 급하거나 어려운 건을 요청해도 도매상 측에서 흔쾌히 들어주었다. 그 도매상은 당시 글로벌 체인인 ㄴ호텔에도 납품했는데 그 호텔에서 급하게 요청하거나 원래 배송 시간과 다르게 요청해도 우리 제품만큼은 흔쾌히 맞춰서 진행해 주었다. ㄴ호텔 측도 해당 도매상과 우리 회사의 업무 처리에 대한 신뢰가 쌓여 갔고, 구매 담당자와 좋은 관계를 유지하며 매출 상승의 발판을 마련할 수 있었다.

더구나 신입 사원인 내가 그 도매상을 처음 담당했을 때, 연륜이 높으신 도매상 직원들은 나를 그다지 반가워하지 않으셨다. 초짜가 와서 기존의 적재된 문제들을 해결할 수 있을 거라고 꿈에도 생각지 않았기 때문일 거다. 하지만 문제를 인지하고 해결하기 위해 노력하는 내 모습을 보고 도매상 직원들도 결국 마음의 문을 열어주셨다.

신뢰가 무너진 거래처에서 매출이 잘 나올 리는 만무하다. 그런데 내가 담당자가 된 이후 매출이 올랐다면 관리자들은 오롯이 나의 능력에 의한 결과라고 판단하지 않을까? 군이 광을 팔지 않아도 능력을 보여줄 수 있는 좋은 기회가 되지 않을까? 한 번에 해결되고, 한 번에 진행되는 일들만 있다면 누가 영업이 어렵다고 하겠는가?

모든 것은 사람과 사람 사이의 일이다. 계속 두드린다고 상대방의 마음이 한 번에 활짝 열리지는 않겠지만 긍정적으로 지켜봐 주는 것만큼은 확실하다. 인디언의 기우제가 100퍼센트의 효과를 거두는 것은 비가 올 때까지 기우제를 올리기 때문이라는 글귀를 지하철 스크린도어에서 읽은 적이 있다. 어떤 일이 마음처럼 되지 않을 때, 과연 내가 할 수 있는 모든 방법으로 최선을 다했는지 확인하고 또 확인하는 태도가 필요하다.

관리자가 된 지금, 거래처와의 트러블이 왜 생기는지 직원들게 물어보면, 여지없이 '전임자가……'라는 말로 운을 떼우는 답변을 꽤 듣는다. 내가 원한 대답은 원인과 더불어 앞으로의 계획이다. 전임자가 원인이든 아니든 그래서 앞으로 어떻게 할 것인지를 생각해서 보고해야 한다. 원인만 보고하는 것은 '전임자가 똥 싸놓았으니, 나는 모르겠다'라는 말로밖에 안 들린다. 주어진 상황이 나한테 마이너스면 최소한 제로 또는 플러스로 돌리기 위해 노력해야 하며, 주어진 상황이 나한테 플러스면 그 플러스의 절댓값을 키우기 위해서 노력해야 한다. 이 법칙은 회사든 업무든 연애든 모든 일에 통용된다. 나는 이걸 '능력'이라고 부른다. 우리네 인생에는 물론 극복치 못할 상황도 있다. 그렇다고 주저앉아 시도조차 해보지 않으면 정말 아무 일도 일어나지 않을 뿐만 아니라 상황은 더욱 안 좋아질 것이다.

　다른 사람의 좋은 결과, 성과가 운으로 느껴지는가? 그렇다면 그 운은 왜 그 사람에게만 갈까? 적어도 그 사람이 가만히 있지 않고 무언가 행동했기 때문일 것이다. '나만 왜 이렇게 불리한가?'라고 한탄하기보다 한 번쯤은 그 불리함을 유리함으로 바꾸기 위해 전력을 다해보자. 불평불만으로 가득 찬 에너지를 좀 더 좋은 상황으로 바꾸는 일에 쏟아보자.

회사가 아무리 싫어도
내 업무는 철저히 하자

 회사 욕 안 하는 직장인이 과연 있을까? 내 생각
에 오너나 대표이사님도 회사 욕은 할 것 같다.
다들 마음속에 사표 한 장씩은 품고 이 꽉 깨물
고 하루하루 살아가는 거 아닌가? 친한 오빠는 상사에 대한 불
만이 치사량 수준이라 상사가 호출할 때마다 주먹을 불끈 쥐고
간다더라. 혹여 회사가 만족스러우면 상사, 동료, 후배 중에 꼭
빌런이 있어 우리를 힘들게 한다. 그러니까 완벽한 회사 생활
이란 불가능에 가깝다.

퇴사를 단 한 번도 생각해 본 적이 없다는 쌍둥이 동생 단비조차도 회사의 다양한 빌런들 때문에 적잖이 힘들어한다. 정말 신기한 것은 매번 지금이 최악의 상황인 것 같아 이 상황만 버텨보자 마음먹으면 더 최악의 상황이 나타난다. 게임처럼 한 판을 겨우 깨면 더 어려운 판이 기다리고 있는 것과 같달까. 다음 판이 더 어렵다는 것을 아는데 우리한테 과연 이 판을 깰 마음이 생기겠는가? 회사 생활을 하면 할수록 내가 노력한 만큼 결과가 나오는 공부가 역시 세상에서 제일 쉬운 것이었구나 싶다. 그렇다고 우리가 회사를 안 다닐 수도 없는 노릇이다. 회사를 안 다녀도 될 만큼 부자인 후배도 누구보다 열심히 회사를 다니는데 하물며 나 같은 소시민이야 당장 다음 달 카드값과 대출금을 상환하려면 이 꽉 깨물고 열심히 다녀야 한다. 기왕 다녀야 할 회사라면 나에게도 회사에게도 발전적인 방향으로 노력하는 것이 맞지 않을까 싶다.

요새 어플 하나가 직장인들 사이에서 인기다. 임직원들이 회사에 직접적으로 말하기 어려운 문제점이나 문제적 인물에 대해, 익명성을 보장받아 보다 안전하게 얘기할 수 있는 어플이다. 하지만 회사 임직원만 볼 수 있는 공간임에도 불구하고 거기 올라온 글들이 언론에 노출되는 것을 보면 순기능뿐 아니라

역기능도 있는 것으로 보인다. 우리 회사의 경우 정말 높으신 분들께서 이 어플의 찐팬이셔서 사소한 불만일지라도 어플에 글이 올라가면 바로 시정하라는 지시가 하달된다. 수차례 이런 경험을 한 몇몇 소수의 월급루팡들이 이를 역으로 이용하는 사례가 적잖이 있다.

회사 욕이든 상사 욕이든 얼마든지 해도 된다. 없는 자리에서는 나라님도 흉본다는 데 회사 욕쯤이야 무슨 문제가 있겠는가? 다만 다른 사람을 지적하고 욕하기 전에 나는 과연 내가 받고 있는 월급만큼, 누리고 있는 복지만큼 최선을 다해 근무했는지 생각한 뒤에 욕을 해도 늦지 않다. 하루 종일 여행 사이트만 뒤지고, 툭하면 답답하다고 산책 나가고, 업무와 관련된 일은 귀찮아하면서, 저녁이면 임원과 술자리를 가질 궁리만 하는 팀장님을 욕하기 전에, 나는 후배들에게 어떤 평가를 받고 있을지 한번 고민해 보자. 내가 누군가를 싫어하는 이유를 곰곰이 따져보고, 최소한 후배들이 나를 그 이유로 싫어하지 않게끔 노력하자는 것이다.

1년 365일 담배 냄새를 풍기는 팀장님을 만난 뒤로 나는 매일 아침 아무리 늦어도 향수를 뿌리는 습관이 생겼다. 최소한 역한 냄새가 나는 선배는 되지 않기 위해서다. 그러니까 내가 능력이 출중하지 않을지언정 눈치만이라도 최대한 챙겨보자는 것이다. 눈치조차 없는 팀장님을 보면서 나는 후배들이 어떤 부분에서 곤란을 겪고 있는지, 내가 어떻게 행동해야 후배들이 그나마 편하게 업무에 집중할 수 있을지 고민했다. 만약 내가 업무적인 능력이 부족하다면, 이를 채워주는 동료나 후배에게 최소한 미안한 마음이라도 가져야 한다. 그들이 그나마 업무를 편히 진행할 수 있도록 업무 외적인 부분을 잘 처리해서 합이라도 맞추려는 노력을 해야 한다.

또 하나, '우리 무능한 팀장님이 저 자리까지 올라간 것을 보니 나도 저 자리까지는 가겠구나' 싶어 나까지 업무를 등한시하면 상황은 최악으로 치닫는다. 가뜩이나 무능한 팀장님 때문에 죽어나는 후배들을 두고 중간 직급인 사람들까지 손을 놓게 되면 상황은 2배로 힘들어진다. 일 잘하는 후배가 이직하거나 퇴사하면 힘든 건 팀장이 아니라 바로 '나'라는 것을 항상 명심해야 한다.

팀장이나 임원들의 특징은 매한가지다. 어떤 업무를 누가 해오든 상관없다. 정해진 기간 안에 제대로된 결과물을 본인들에게 가져오기만 하면 된다. 그 업무를 제시간에, 제대로 만들기 위해서는 각자가 1/n의 역할을 해야 하는데 무임승차하는 인원이 생기면 일이 제대로 진행되지 않고 팀에 균열이 생길 수밖에 없다. 균열은 커지기 쉽지만, 메꾸는 건 어렵다. 내 몫을 다하지 않으면 누군가는 반드시 피해를 입는다.

현재는 유능한 인재들이 모여 으쌰으쌰 힘을 합쳐도 회사가 지속적으로 성장하는 것이 불가능에 가까운 '불확실성의 시대'다. 특히나 월급루팡이 늘어가는 조직에선 유능한 인재들의 이탈이 가속화된다. 유능한 인재들이 이직하는 경우가 늘수록 남아 있는 사람들의 자존감도 낮아진다. 나는 능력이 없어서 저들처럼 탈출하지 못한다는 생각이 계속 들기 때문이다. 자존감이 낮아지면 무기력해지고 업무에 대한 집중도가 떨어지게 되어 의도치 않게 월급루팡 대열에 합류하게 된다. 그렇게 회사는 점점 망조의 길로 접어든다.

학창 시절에 '학교에 이렇게 큰돈을 내는데 학교는 왜 이렇게 나를 힘들게만 할까?'라는 생각을 자주 했다. 하물며 회사는 우리에게 비용을 지급하는 곳이다. 회사가 당신을 힘들게 하는가? 회사가 한 명의 인력을 고용, 유지하기 위해 투자하고 지출하는 비용이 얼마인지 생각해 본 적이 있는가? 월급 외에도 적잖은 비용들이 부수적으로 발생한다. 그만큼의 비용을 받을 만큼 열심히 근무했고 성과를 냈다고 스스로 자부할 수 있는가?

그저 오늘 하루를 버틴다는 생각으로 9시부터 6시까지 시간을 때우다 오지는 않았는가? '나 하나쯤이야', '하루쯤이야' 하는 생각들로 자신의 발전은 물론 회사의 발전도 저해하고 있지는 않은가?

매일, 매 순간 진력을 다할 수는 없다. 다만 하루를 돌아봤을 때 오늘 내가 이 정도 일은 했구나, 한 달을 돌아봤을 때 그래도 내가 이 정도 성과는 냈구나 할 수 있게 노력하자는 것이다. 당신 스스로도 입사할 때 시키는 일만 하겠노라고 다짐하고 들어오지는 않았을 것이다. 매월 찍히는 내 월급이 부끄럽지 않게, 집에서 기다리는 가족과 자녀들에게 내가 하는 일이 중요하고 가치 있는 일이라는 것을 설득시킬 수 있을 만큼의 노력 정도는 하면서 살아가자는 얘기다.

'좋은 게 좋은 거'라는 말은
회사에서 통하지 않는다

 나를 잘 모르는 사람들은 내 겉모습만 보고 그
저 둥글둥글한 사람일 거라고 예상한다. 반면 나
에 대해 깊이 아는 사람들은 나와 적이 되지 않
아 정말 다행이라고 얘기한다. 스스로 생각해도 나는 괴팍한
구석이 많다. 특히 사람에 대한 호불호가 굉장히 강해 내 사람
이다 싶으면 지나치다 싶을 정도로 잘 챙기지만 그 폭이 결코
넓지 않다. 40년 남짓 살면서 싫어했던 사람을 좋아하게 된 경
우는 고등학교 때 같은 반이었던 친구 한 명뿐이었다. 게다가

직설적이고 다소 날카로운 성격이라 내가 누군가를 싫어하면 상대방도 그것을 웬만큼 알아챈다.

쌍둥이 동생은 누군가와 척지고 살지 말라고 조언하지만 나는 싫은데 좋은 척하려면 두드러기가 날 것 같다. 애매모호한 것이 싫고, 명확한 것이 편하고 좋다. 또한 민폐 끼치는 것을 굉장히 싫어해서, 정말 피치 못할 경우가 아니고서는 부탁을 좀체 하지 않는다. 나의 부탁이 특히 상대방으로 하여금 다른 누군가에게 아쉬운 소리를 해야 하는 일이라면 더욱이 하지 않는다. 나도 곤란한 상황에 처하기 싫듯이 상대방을 곤란한 상황에 두고 싶지 않다. 부탁하는 것을 싫어하기 때문에 누가 나에게 부탁하는 것도 불편하고 싫다. 그것이 규정에 어긋나는 것이라면 특히 더 그렇다.

나의 특이한 취미 중 하나는 사내 규정을 주기적으로 정독하는 것이다. 임직원 윤리 규정은 물론 복리후생, 법인카드 등 회사 생활과 관련된 거의 모든 규정을 꼼꼼히 살펴본다. 그러다 보니 예기치 못한 일이 발생하면 직원들이 으레 나한테 처리 규정을 문의하기도 한다. 그중에서도 내가 가장 좋아하는 항목은 업무 분장이다. 다른 회사는 모르겠지만 우리 회사는 꾸준히 사내 규정이 변경되고 별도의 공지 없이 사내 게시판에 게

재되기 때문에 특별히 관심을 기울이지 않으면 이를 지나치기 쉽다. 이뿐만 아니라 규정을 숙지하려는 가장 큰 이유는 업무를 진행함에 있어 실수를 최소화하려는 것이다. 모르고 넘어가서 못 받는 혜택도 없게 하기 위해서다. 여하튼 규정을 굉장히 중요시 여기며, 잠깐의 편의를 위해 규정을 어기는 일은 더욱이 지양하고자 한다. 윗사람이 시키는 일이라고 해서 예외는 아니다.

예전에는 소비자 개인이나 특정 행사에 주류를 무상으로 지원하는 일이 지금보다 다소 용이했다. 주류 지원을 요청하려면 예산 부서인 우리 팀에 품의서를 제출해야 했지만 사람들은 보통 메일로 요청해 왔다. 그런데 몇 달간 지켜보니 몇몇 직원들이 지나치게 많은 무상주를 사용하고 있었다. 게다가 제품 홍보라는 미명하에 회삿돈을 자기 돈인 양 생색내는 경우가 대부분이었다.

B임원이 특히 그랬다. 무상주를 요청할 때마다 최소 수량이 무려 10박스였다. 심지어 '○○처럼'이라는 판촉용 라벨까지 붙여서 보내달라는 요청도 부지기수였다. 우리 제품을 널리 홍보해 음용층을 늘릴 의도도 있었겠지만 대부분 지인 판촉이었다. 뿐만 아니라 PPL 건도 정확한 규정이 없다 보니 지나치게 많은

수량이 지원되었다. 영화 제작사에서 제작비용 절감을 위해 주류 협찬을 자주 요청했는데 노출되는 장면에 비해 너무 많은 수량을 요청하곤 했다. 우리 제품의 노출은 정말 감사하지만, 스태프들이 마실 주류까지 요청한다는 느낌을 지울 수가 없었다. 회삿돈의 낭비를 막고, 규정대로 예산을 운영하고자 무상주 관련 가이드라인을 수립해 상부에 보고한 후 전사 메일로 이를 공지했다. 앞으로 무상주 사용 시 지위 고하, 이유를 불문하고 예산 부서에 품의를 진행할 것, PPL 관련 무상주 지원은 주종(소주, 맥주, 청주 등)을 합쳐 총 10박스로 제한했다. 공지를 띄우자, B임원의 소속 부서뿐 아니라 여러 부서에서 '임원 요청 건'인데 어떻게 안 되냐고 문의가 왔다. 하지만 예외는 없었다. 공지 이후 무상주 지원 요청이 굉장히 감소한 것을 보면서 지워질 메일로 요청하는 것과 품의를 진행해서 흔적을 남기는 것의 차이가 엄청나다는 것을 다시금 깨달았다. PPL 건도 마찬가지였다. 변경된 회사 규정을 제작사 측에 설명하자 별다른 이슈 없이 진행되었다. 진작 했어야 할 일을 뒤늦게 진행하여 그동안 적잖은 회삿돈이 낭비되었다. 좋은 게 좋은 거라며 묵인해 왔던 일이 안 좋은 선례를 남기고 있었던 것이다. 역시 업무에 있어 좋은 게 좋은 것은 없다.

사실 무상주 지원의 일인자는 C임원이었다. 외부 주요 기관들이 주 거래처임을 감안해도 너무 지나칠 정도로 무상주를 사용하셨다. 특히 명절에는 최고의 청주인 '설화'를 상상을 초월할 정도로 많이 사용하셔서 판매할 수량이 부족한 적도 있었다. 금액이 워낙 크다 보니 C임원 부서에서 품의서 작성을 꺼려해 내가 작성해서 본부장님께 결재를 득하러 들어갔다. 본부장님도 짐작은 하셨지만 실제 금액을 보니 부아가 치미시는 듯 "이 새끼는 본부장인 나보다 더 많이 쓰네"라고 말씀하셨다. 그이후 C임원의 무상주 사용이 확연히 줄었고, 사용할 일이 있어도 우리 부문장님께 구두로 요청했다. 품의를 피할 요량이셨겠지만 눈치 빠른 우리 부문장님께선 무상주는 내 담당이라며 C임원과 함께 오셔서 내용을 다시 전달해 주셨다. 그러면 나는 계산기를 두드려 예산이 얼마인지 알려드리고, 사유와 사용처를 정확히 알려주시면 결재 라인에 맞게 품의하겠노라 말씀드렸다. 임원분들도 사람인지라 불편한 사람은 당연히 저어한다. 무상주 관련해서 지속적으로 내가 불편하게 하자 C임원의 요청은 거의 사라졌다.

몇몇 높으신 분들의 작은 편의를 봐드리려고 매번 규정에 어긋나는 업무를 진행하다 보면 나중에는 큰 편의를 봐드려야 할 상황도 분명히 생길 것이다. 그리고 그 책임은 오롯이 담당자의 몫이다. 그러니 애당초 규정을 지키지 않는 사람에게 불편과 불이익이 돌아가는 것이 맞다.

당시 팀장님은 굉장히 선하고 거절을 잘 못하는 분이셨는데, 나의 이런 대쪽 같음(?)을 융통성이 다소 부족하다고 판단하셨던 것 같다. 하지만 후에 나의 쓰임을 새로이 발견하셨다. 마케팅 팀장 자리에 계시니 여기저기서 온갖 인맥을 동원한 다양한 제안이 들어왔는데, 그런 제안을 받는 자리에 항상 나를 부르셨다. 처음엔 굳이 왜 나를 찾으실까 싶었는데 생각해 보니 나를 통해 거절하기 어려운 제안을 거절하셨던 것이다. 그렇게라도 이상한 제안들을 거절하실 수 있다면 나로서는 이용당하는 것이 맞을 것 같아서 기꺼이 부름에 응했던 기억이 난다.

이왕이면 실현 가능성이 높은
요행을 바라자

 대부분의 회사는 연말 즈음에 내년도 사업계획
을 수립한다. 하지만 내가 회사를 다닌 십수 년
동안 계획대로 진행된 해는 단 한 번도 없었다.
윗분들도 모두 알고 계실 거다. 그래도 우리는 매년 11월이 되
면 온갖 아이디어와 과거 자료를 짜깁기하여 내년도 계획을 수
립하고 보고한다.

그렇다고 끝이 난 건 아니다. 임원 인사로 윗선이 싹 다 바뀌
는 12월이 되면, 새로 부임한 임원들에게 업무보고를 싹 다 바

꿔서 해야 한다. 기존의 사업계획을 조금 수정해서 보고하면 되지 않느냐고? 네버! 기존의 것이지만 새롭게 보이도록 다 바꾸는 요상한 과정을 거쳐서 새로운 사업계획을 준비해야 한다. 이런 시간 낭비, 인력 낭비를 왜 하나 싶지만 그럼에도 불구하고! 우리의 계획대로 다음 해가 흘러가지 않는다 해도! 계획은 짜야 하는 것이 맞다.

대부분의 회사는 금년 실적을 베이스로 내년도 매출 목표를 수립한다. 성장기에 속해 있는 회사들은 적극적인 목표를 수립하지만, 그렇지 못한 회사들은 전년도보다 덜하겠다는 계획을 들이밀 순 없으니 한 자리 수 성장 목표를 수립하고 대신 시장 점유율을 올리겠노라 기재한다.

회사의 최종 매출 목표가 정해지면 부문별 매출 목표가 정해지고, 지점별, 팀별, 파트별 목표가 정해져 영업 사원인 나의 목표도 정해진다. 내 매출 목표가 정해질 때까지 기다렸다가 다음 해의 계획을 수립하는 것은 능력 있는 직장인의 모습이 아니다. 유능한 영업 사원이라면 모름지기 올해 자신의 실적은 물론 거래처의 실적, 시장 상황 등을 종합해 내년도 매출 목표를 수립하고 도전적인 목표와 보수적인 목표 모두 설정할 것이다.

이 2가지 목표를 기준으로 각각 필요한 예산 또한 대략적으로라도 산출해 보아야 한다. 그래야 목표를 조정한다거나 추가 예산을 요청할 수 있다. 수동적으로 하달된 목표와 배정된 예산으로 활동하려는 영업 사원과, 능동적으로 내년도 활동과 예산까지 계획한 영업 사원을 동일선상에 두고 볼 수는 없다. 설사 나의 의견이 100퍼센트 반영되지 않더라도 미리 계획하고 준비한 사람은 새로운 변수에도 보다 신속하고 유연하게 대처할 수 있다.

영업 사원의 역할은 크게 두 가지다. 첫째, 우리 제품을 입점시키고 둘째, 다양한 판촉, 홍보를 통해 선호도와 판매를 증대하는 것이다. 사실 매월 달성해야 할 목표가 있기 때문에 시간과 노력이 상대적으로 많이 소요되는 신규 거래처 창출보다, 기존 거래처들 위주로 활동할 수밖에 없다. 그래서 계획 수립이 더욱 중요하다.

주요 활동들을 세밀하게 계획한 다음 일을 진행하면 추가적으로 활동할 수 있는 여유를 확보할 수 있다. 이러한 자투리 시간을 통해서 신규 매출처를 지속적으로 개발하는 것도 굉장히 중요하다. 지금 나의 우호 거래처가 영원할 것이라는 보장이 없기 때문이다. 우호 거래처이자 대형 매출처였던 ㄷ호텔이 5개월간의 리모델링을 하게 되면서 추가적인 매출을 달성하는 것이 결코 쉽지 않았던 때를 예로 들 수 있다.

거래처별로 중요도와 우선순위가 다르다. 영업 사원은 당연히 주요 거래처를 우선순위에 두어야 한다. 경쟁사 제품만 사용하며 매출이 적게 나오는 거래처는 사실 번거롭기만 한 경우가 많다. 하지만 그런 거래처도 지속적으로 관리하라고 추천하고 싶다. 이전 담당자들이 가지 않았던 거래처라면 나부터라도 열심히 가보도록 하자. 예상치 못한 한 방이 될 수도 있다.

처음 팀장으로 부임했을 때, 전임 팀장님께서 굉장히 세심하게 인수인계를 해주셨다. 그런 팀장님이 마지막으로 떠나시던 날, "ㄹ곱창 가게는 나도 뚫어보려고 했는데 잘 안됐어. 유 팀장이 한번 잘해봐"라고 말씀하셨다. 그렇게 내 TO DO LIST에 ㄹ곱창 가게 공략이 오르게 되었다.

하지만 관리자도 처음이고, 업무도 전에는 해보지 못했던 것들이라 초반에는 업무와 직원들을 파악하는데 주력했다. 당시 팀원만 33명에 맡은 지역이 서초, 송파, 강남부터 아래로는 수원, 오산까지였고, 동쪽으로는 용인, 분당은 물론 여주, 이천까지도 가야 해서 그야말로 동에 번쩍 서에 번쩍 해야 했다. 팀원들 이름을 다 외우는 것만도 꽤 많은 시간이 걸렸다.

그렇게 두 달이 흘렀다. 다음 달 계획을 수립하며 TO DO

LIST를 점검하다 보니 그제야 ㄹ곱창 가게 공략하기가 눈에 띄었다. TO DO LIST 맨 윗줄에 ㄹ곱창 가게 공략하기를 다시 적고 3월을 시작했다.

교대에 위치한 가게는 다수의 TV 프로그램에도 맛집으로 소개됐고, 드라마나 영화에도 많이 나온 곳이었다. 규모도 커서 주류 판매량이 교대 상권에서 TOP3 안에 들었다. 그런데 10여 년 동안 우리 회사 제품은 입점조차 하지 못했다. 경쟁사 본사의 바로 앞에 위치한 곳이여서 그랬을까? 교대 담당자 또한 입점이 안 되는 이유를 정확히 몰랐고, 수차례 방문했지만 '처음처럼' 입점은 어렵다는 말만 들었다고 했다.

나는 ㄹ곱창 가게와 우리 회사 간의 히스토리부터 파악했다. 어떤 문제가 있었는지 제대로 파악하지 못하고 섣불리 행동하면 필패할 게 뻔했다. 직전 담당자부터, 수년 전 담당자까지 수소문했다. 하지만 정확한 이유는 아무도 몰랐고 그저 10여 년 전, 당시 담당자가 약속했던 지원을 이행하지 않아 사이가 틀어졌다는 추측성 얘기만 들을 수 있었다. 이제는 내가 행동할 차례였다.

의사결정자를 만나기 위해 가게로 직접 찾아갔다. 이미 교대 상권을 돌면서 여러 차례 살펴보았던 곳이지만 직접 방문한 것은 처음이었다. 가게 직원들에 따르면 결정권자는 사장님이었는데 그동안 다른 담당자들은 사장님을 뵐 수 없었다고 했다. 어쨌거나 그 사장님을 만나야 해결의 실마리를 찾을 수 있으리라!

나는 가게 관리자에게 '처음처럼'에서 나왔는데 사장님께 꼭 드릴 말씀이 있다고 했다. 그날은 행운이 따랐는지 마침 사장님께서 사무실에 계셨다. 더구나 관리자가 나의 방문을 전하자 사장님께서 흔쾌히 응하셨고, 그렇게 나는 사장님을 한 번에 알현(?)할 수 있었다. 떨리는 마음으로 집무실에 들어가니 인자해 보이시는 어르신께서 반가이 맞아주셨다. 방문 목적은 분명했지만 라포르˙도 형성하기 전에 목적부터 들이밀 수 없어 이런저런 스몰토크로 대화를 이어갔다.

여러분들이라면 처음 만나는, 더구나 20살은 족히 많은 연장자와 어떤 주제로 대화를 이끌어 나가겠는가? 내 생각에 가장 편한 주제는 자녀나 손주인 것 같다. 집무실 벽에 붙어 있는 가족사진을 본 나는 사장님께 "따님이 있으신가 봐요"라고 여쭤봤고 자연스레 따님 얘기로 이어졌다. 어느새 대화는 우리 아

˙ 라포르(rapport) : 두 사람 사이의 공감적인 인간관계. 또는 그 친밀도.

들 얘기로까지 이어졌고 사장님께선 애 키우면서 회사 다니느라 애쓴다는 격려의 말까지 해주셨다.

부동산과 관련한 경제신문이 탁자에 펼쳐져 있는 것을 보고 이번에는 부동산 주제로 자연스럽게 넘어갔다. 평소 부동산에 관심이 많아 나름의 식견이나 정보가 있어서 다행이었다. 마침 그 분야에 관심이 많던 사장님은 내가 한참을 떠들었는데도 더 많은 얘기를 듣고 싶어 하셨다. 본인은 젊은이가 아니라 다양한 정보를 얻기 어려운데 나를 통해 새로운 정보를 많이 알게 되었다고 좋아하셨다. 그리 말씀하면서 목적이 있어 왔을 터이니 이제 말해보라 하셨다. 나는 그제야 방문 목적을 말씀드렸다.

어찌된 연유인지는 정확하게 파악하지 못했으나, 사장님 가게에서는 오랜 기간 저희 회사 제품을 사용하지 않고 계시는 걸로 알고 있다, 금번 기회에 저희와 다시 한번 좋은 인연을 이어갔으면 좋겠다고 조심스레 제안했다. 사장님은 우리가 파악하지 못했던 히스토리—굳이 언급하진 않겠으나 사장님 입장에서는 거래를 끊으실만 했음—에 대해 설명하고, 나를 믿고 다시 거래를 시작하겠다고 하셨다.

생각보다 쉽게 실타래가 풀려 기뻤지만 실제로 제품이 입점되고 판매되기 전까지 안심은 일렀다. 멋쟁이 사장님께서는 이런 나의 마음을 읽기라도 하셨는지 바로 관리자에게 전화해 '처음처럼'과 '클라우드'를 당장 발주하라 지시하셨다. 이렇게 흔쾌히 부탁을 들어주신 이유가 궁금해 사장님께 여쭤보았다.

그분이 말씀하시길 본인 정도의 나이가 되면 사람 볼 줄 아는 눈이 생기는데 감사하게도 내가 거짓말을 하거나 속이려는 사람이 아님을 알 수 있었고, 열심히 하려는 의지가 기특하여 기회를 한번 주고 싶었다 하셨다. 오너의 명령을 그 누가 거역하리오.

다음 날 진짜로 ㄹ곱창 가게에 우리 제품이 입점되면서 10여 년 만에 처음으로 판매되기 시작했다. 그리고 머지않아 ㄹ곱창 가게의 우리 제품 점유율이 50퍼센트 가까이 올랐다.

우리는 일확천금을 꿈꾼다. 낮은 확률에도 본인이 당첨될 수 있다는 기대에 부풀어 복권을 구입한다. 어쩌면 당첨 발표 전까지의 행복을 사는 걸 수도 있다.

물론 내가 ㄹ곱창 가게에 '처음처럼'을 입점시킬 확률은 로또 확률과 비교할 수도 없을 만큼 높았을 것이다. 그러나 모두가 힘들 거라며 시도조차 하지 않은 일이기도 했다. 많은 사람들이 희망을 품고 계속 복권을 사듯이, 실패했던 일에도 희망을 가지고 다시 시도해 보라고 말하고 싶다.

무엇보다 복권은 실패의 원인을 찾을 수 없지만, 우리 업무
는 최소한 실패의 원인을 분석할 수 있고 새로운 방법으로 접
근할 수 있지 않은가?

1장 사회생활 짬밥은 피눈물의 대가

1. 애정으로 시작해 열정으로 일하자

'힘들어도' 내가 좋아서 하는 일은 덜 힘들기 마련이다. 가능하다면 좋아하는 일을 찾아보자. 마르지 않는 열정이 저절로 샘솟을 것이다.

2. 누구나 할 수 있는 실수, 질책보다 해결이 먼저다

실수했을 때는 일단 신속하게 보고하자! 상사 또한 마찬가지다. 질책하고 화내봤자 상황은 변하지 않는다. 해결 방안부터 모색하자.

3. 때로는 제로가 아니라 마이너스에서 시작해야 한다

전임자가 엉망일수록, 기본만 지켜도 더블로 플러스가 된다. 당신의 능력을 드러내 보일 수 있는 절호의 기회가 될 수 있다.

4. 회사가 아무리 싫어도 내 업무는 철저히 하자

일하지 않는 자, 회사 욕도 하지 말라! 무임승차 인원이 늘면 속도가 줄고, 결국 달릴 수 없게 된다. 최소한 월급루팡은 되지 말자.

5. '좋은 게 좋은 거'라는 말은 회사에서 통하지 않는다

'좋은 게 좋은 것'이라는 말은 이미 규정과 규칙을 어기고 있다는 것. 규정을 지키지 않는 사람에겐 불편과 불이익을 주는 것이 맞고, 잘못된 점을 발견하면 개선하는 것이 옳다.

6. 이왕이면 실현 가능성이 높은 요행을 바라자

모두가 넘지 못한 벽이 어쩌면 당신에겐 낮은 담장일 수 있다. 너무 겁먹지 말고 시도하자!

2장

눈치껏 일하라는
말이 뭔지
모르겠다면?

앵무새처럼 단순 전달만 하는 보고의 시대는 끝났다

늘 갑일 수도 늘 을일 수도 없다

회사에서는 가만히 있으면 반도 못 간다

인정과 칭찬은 연장 근무도 불사하게 한다

능력 있는 사람과의 업무는 그 자체로 복이다

먼저 사과한다고 결코 지는 것이 아니다

앵무새처럼 단순 전달만 하는
보고의 시대는 끝났다

매년 연말 즈음에는 그야말로 전화통에 불이 난다. 이번 임원 인사나 조직 개편을 물어보려는 전화들이다. 올해는 심지어 인사 및 조직 변경 담당 상무님께서 어디까지 알고 있냐 물으셔서 아는 대로 말씀드렸더니, 일은 안 하고 정보만 찾고 있냐고 꾸짖으셨다. 내가 아는 정보가 다 맞다는 말씀이리라.

나는 정보와 소문을 누구보다 빠르게 모은다. 예상치 못한 공문이 내려오거나 징계가 뜨면 임원분들이 나를 불러 그 이유나 배경을 물어보실 정도다. 심지어 음료와 주류 조직 통합 전에, 음료 상무님께서 타 부서 주류 직원들끼리 다툰 이유를 내게 물어볼 정도다. 그야말로 〈생생정보통〉이다. 이것은 온전히 삼남매 중 둘째로 태어나 보다 많은 관심과 사랑을 받기 위해 '눈치력'을 연마해 온 결과다. 눈치력은 상대방이 진짜 원하는 게 무엇인지 파악하는 데 용이하기 때문에 단순히 정보전달을 너머 핵심을 간파할 수 있다. 그런 눈치력을 연마하는 데 가장 기본은 '질문'이다.

상황 하나를 가정해 보자. 생산본부에서 당분간 '처음처럼' 적정 재고를 확보하기 어렵다는 소식을 전달해 왔다. 브랜드 담당자인 당신은 무엇을 해야 할까? 문제가 발생하면 가장 먼저 상부에게 신속히 보고해야 한다. 내가 보고하기 전에 상사가 다른 채널을 통해 그 사실을 접하게 되면, 특히 나의 상사보다 높은 곳에서부터 온 것이라면, 아무것도 모르고 있던 상사는 굉장히 곤란해질 수밖에 없다. 또한 정보전달식의 단순 보고도 위험하다. "'처음처럼' 적정 재고 확보가 당분간 어렵답니다"라고만 보고하면 당연히 "왜?"라는 질문이 따라올 것이다. 상사에게 보고할 때, 특히 부정적 이슈를 보고할 때는 그에 따라올 질문을 예상하고 준비해야 한다. 예를 들어 1)재고 확보가 어려운 '정확한' 이유는 무엇인지, 2)원인을 해결하기 위한 방안은 무엇인지, 2-1)해결을 위해 협조를 요청해야 할 부서는 어디인지, 3)문제가 해결되어 정상화되는 시점은 언제인지, 4) 재고 확보의 어려움으로 인해 예상되는 문제는 무엇인지, 5)그에 따른 대응 방안은 무엇인지 등을 고민한 다음 보고해야 한다. 아무 준비 없이 정보전달만 하면 앞서 말한 것들을 알아내느라 상사를 기다리게 할 것이 자명하고, 예상되는 질문에 제대로 대답하지 못하는 사람으로 비춰질 가능성이 높다. 보고서까지는 아니더라도, 최소한 대략적인 그림을 머릿속에서 그린 다음 보고한다면 보다 수월하게 업무 능력을 인정받을 수 있다. 또한 질문의 핵심은 '제대로'다. 질문을 할 때나 받았을 때, 질문의 의도를 제대로 파악해야 한다. 질문과 대답도 능력이다. 이 능력을 키우기 위해서는 무엇보다도 직접 발로 뛰는 것이 관건이다.

마케팅 팀에서 일했을 때, '처음처럼'은 키덜트의 대표 격인 스티키몬스터랩 캐릭터와 컬래보레이션을 진행한 적이 있다. 마케팅 팀의 핵심 인재였던 후배가 기획했는데, 용기를 캐릭터 모양으로 만드는 획기적인 일이라 A부터 Z까지 모두 새롭게 해야 했다. 캐릭터 모양으로 용기를 구현하는 것도 쉽지 않았지만, 가장 큰 문제는 플라스틱 용기에 라벨을 알맞게 씌우는 일이었다. 원형에 가까운 용기에 비닐 소재 라벨을 씌우려면 드라이기 바람으로 수축시켜야 했는데, 그 과정에서 캐릭터의 얼굴을 제대로 구현해 내는 것이 관건이었다. 그동안 생산 관련된 일은 구매 팀과 생산본부에 일임했는데 원하는 결과물이 쉽사리 나오지 않는 상태였다. 상황 보고를 위해 원인을 물었고, 생산본부에서도 자세히 설명해 줬지만 전문용어인 데다 생산 쪽 지식이 부족하다 보니 담당자인 나조차도 이해하기 어려웠다.

이해하지 못한 채로 어떻게 보고를 할 수 있겠는가? 이대로는 안 되겠다 싶어 그 이후로는 직접 생산 현장에 나갔다. 천안에 있는 플라스틱 용기 공장에 가서 직접 설명을 들으며 궁금한 점들을 질문하고 생산과정도 지켜보았다. 실제로 부착된 라벨을 보면서 합격 기준 또한 명확하게 정했다. 캐릭터 눈 사이의 거리와 대칭 정도에 따라 합격 가능한 샘플과 불합격인 샘플도 분류했다. 가이드라인을 직접 정해주니 전화나 메일로 업무를 하는 것보다 훨씬 신속하고 명확한 의사소통이 가능했다. 역시 현장으로 나오길 잘했다 싶었다.

다음 출장지는 군산 공장이었다. 이제 납품된 용기들을 생산

라인에 투입할 차례였다. 10,000개가 넘는 수량을 마지막으로 검수하기 위해 20명이 넘는 아르바이트 여사님들을 공장으로 모집했다. 검수를 시작하기 전 합격, 불합격 샘플을 각각 골라 기준을 설명드렸고 여사님들은 검수를 시작하셨다. 그러나 생산 일정 회의 후 현장에 돌아와 보니 합격으로 분류된 것들 중, 기준에 부합하지 않는 것들이 너무 많았다. 물론 여사님들이 성실히 일해주셨지만, 스티키몬스터랩 캐릭터 자체를 모르시는 데다 라벨의 완성도에 나만큼 큰 관심이 없으셔서 다소 너그러운 기준으로 분류하신 것이다. 이 컬래버레이션의 핵심은 '처음처럼'이 스티키몬스터랩 캐릭터를 얼마나 완성도 있게 구현해 내는가였다. 제대로 하지 못하면 안 하느니만 못했다. 하는 수 없이 처음부터 다시 분류해 주시길 부탁드렸다. 대신 이번에는 나도 분류 작업에 참여했다. 합격, 불합격 샘플을 여사님들께 하나씩 나눠드렸다. 앞에 두고 하나하나 비교하면서 까다롭게 검수해 주시길 부탁 또 부탁드렸다. 첫 번째 검수에선 불량률이 10퍼센트 정도였지만, 함께한 두 번째 검수에서는 불량률이 30퍼센트 가까이 나왔다. 그 결과, 캐릭터가 제대로 구현된 용기들만 생산라인에 투입되었고 6개월의 준비 끝에 '스티키몬스터랩 × 처음처럼' 제품이 첫 생산되는 현장을 직접 지켜볼 수 있었다. 컬래보레이션은 대성공이었고, 팝업스토어에는 새벽 5시부터 줄을 서는 손님이 있을 정도였다. 워낙 높은 인기에 추가 생산까지 진행되었지만 제품 관련 클레임은 한 건도 없었다.

우리 팀에서 심혈을 기울여 준비한 기획이었지만, 키덜트 문화에 익숙지 않은 임원들은 성공에 대한 확신보다 실패에 대한 염려가 컸다. 다행히 나조차 제대로 이해하지 못한 낯선 생산 용어들로만 보고서를 작성하지 않고, 문제 해결을 위해 직접 현장에 나간 것이 큰 도움이 되었다. 이해도가 높아지니 문제 발생의 소지를 낮출 수 있었고 신속한 의사결정 덕에 진행 속도 또한 높일 수 있었다. 더구나 이론적으로만 알고 있던 생산 과정에 대한 지식들을 체화할 수 있는 좋은 기회였다. 또 하나, 상사가 묻기 전에 알아서 설명하고 이해시켜 주는 직원이라니, 더할 나위 없지 않은가?

관리자가 되어보니, 33명의 직원이 각자 상권에서 담당하는 100여 개 거래처 관련 사항을 전부 파악하기란 불가능에 가까웠고 실제로도 그것은 내 역할이 아니다. 팀장은 올바른 방향과 전략을 수립하고, 팀원들이 능력을 발휘할 수 있도록 최대한 지원하고 격려해 공동의 목표를 달성하면 된다. 그리고 팀원들이 제대로 업무를 진행하고 있는지 아닌지는, 담당 거래처를 일일이 점검하지 않아도 파악할 수 있었다. 핵심적인 몇 가지 질문이면 이 친구가 회사와 팀의 목표에 대해서 얼마나 이해하고 있는지, 우선순위에 맞게 업무 계획을 수립해서 근무하는지, 보여주기식이나 수박 겉핥기식은 아닌지 모두 확인이 가능했다. 일단 업무에 대한 집중도가 낮고 열정이 부족한 친구들은 질문 자체를 이해하지 못하는 경우가 많았다.

워크숍이나 강연에서 강사가 청중에게 질문하면 대부분 고개를 숙이거나 눈을 피한다. 이는 틀리는 게 두려워 질문 자체를 두려워하는 한국인의 습성 때문이다. 그러나 정해진 답이 있는 수학과 달리 의견에는 절대적인 답이란 없다. 상사가 질문할 때 단순히 표면적인 것만 묻는 경우도 있겠지만, 당신의 생각과 의견이 정말 궁금한 것일 수도 있다. 질문은 더할 나위 없이 좋은 기회다. 질문에 답할 때 단순 정보뿐 아니라 당신의 생각과 의견을 적극적으로 전달한다면, 능동적으로 일하는 사람으로 보일 수 있을 뿐 아니라 말랑말랑한 머리에서 나온 아이디어로 상사에게 영감을 줄 수도 있다. 주저하지 말고 적극적으로 당신의 생각과 의견을 어필해 보자. 최소한 현실적인 피드백 정도는 얻을 것이다.

늘 갑일 수도
늘 을일 수도 없다

 우리는 다양한 역할을 수행하며 살아간다. 나는
엄마이자 딸이고, 아내이자 며느리이며, 회사의
구성원이자 팀장이다. 이 역할들 속에서 나는 갑
이 되기도 하고 을이 되기도 한다. 일단 우리 아들에게만큼은
철저하게 을이다. 어느 누구도 언제, 어디서나, 누구에게나 갑
일 수는 없다.

회사라는 조직 내에서 우리는 보통 '을'의 위치에 놓인다. 사
무직도 상사나 광고주와 같은 갑이 존재하며, 영업 사원은 다

른 사람들보다 조금 더 확실한 '갑'들이 존재한다. 그리고 우리의 갑들에게는 또 그들의 갑이 존재한다.

오랜 시간 영업을 해보니 첫 만남에서부터 반겨주던 사람은 그리 많지 않았던 것 같다. 제품을 팔려는 목적이 자명한 우리를 반기지 않는 것은 어쩌면 당연하다. 우리 제품이 압도적으로 1위거나, 브랜드파워가 특출난 것이 아니라면, 거래처 입장에서는 수많은 영업 사원 중 하나일 뿐이라 우릴 반길 이유가 없다. 그럼에도 불구하고 영업 사원인 우리는 실리를 취해야 하기 때문에 상대방과 좋은 관계를 맺기 위한 다양한 노력이 필요하다. 목적은 '제품 입점'과 '매출 증대'지만 처음부터 목적 지향적인 모습을 보이는 것은 필패할 가능성이 높다.

영업은 연애와 비슷한 점이 많다. 별다른 소통도 없이 다짜고짜 사귀자 하면 거절당하기 십상인 것처럼 연애도 영업도 스텝 바이 스텝 step by step이 필요하다.

신입 사원 때 거래처와 라포르를 형성하면서 가장 부러웠던 점이 바로 '흡연'이었다. 거래처의 대다수가 남성이고 흡연자들이었는데 타사 영업 사원들은 어려운 얘기를 해야 할 때면 "담배 한 대 태우시죠"라고 운을 뗐다. 비흡연자인 내가 보기엔 담배를 피우면서 분위기를 이완시키고 상대방의 기분이 좋아진

틈을 타 어려운 얘기를 쉽게 풀어보려는 꼼수 같았다. 내겐 너무 부러운 수였다. 담배를 피울 순 없으니, 다른 방법을 찾아야 했다. (속담배가 안 됩니다……) 그래서 나는 내 영업 생활의 모토를 '영업 사원이지만 도움이 되는 사람입니다'로 설정했다.

영업 사원의 주요 업무 중 하나는 시황 파악이다. 우리만 영업하는 게 아니기 때문에 경쟁사 활동이나, 업계 시황에 항상 신경 써야 한다. 이건 당시 우리의 거래처―내 경우엔 호텔 관계자들―들의 상황도 마찬가지였다. 적극적인 영업활동을 통해 얻은 정보는 내 업무뿐만 아니라 거래처에도 도움이 되는 경우가 많았다. 앞장에서 언급했던 일례로, ㄷ호텔이 5개월간 문을 닫고 대대적인 리모델링을 하게 됐다는 소식을 들 수 있다. 나는 이 소식을 인접한 ㅁ, ㅂ호텔에 신속하게 전달하고 풍선효과에 대비하십사 조언드렸다. 어떤 정보를 전달할 때의 포인트는 단순한 풍문을 전달하기보다 추가적인 조사를 통해 얻은 '가치 있는' 정보를 전달해야 한다는 것이다. ㅁ, ㅂ호텔분들도 풍문으로 ㄷ호텔의 리모델링 소식은 분명 접했을 것이다. 그렇다면 내가 전달해야 할 정보는 대략적인 공사 기간과 해당 기간 동안의 운영 방안 등 '갑의 갑'이 궁금해할 사항들을 포함하고 있어야 한다. 결과적으로 나의 갑들은 신속하고 정확하게 그들의 갑에게 이 정보들을 보고할 수 있었고 높은 확률로 칭찬의 말을 들었을 것이다.

영업 사원에게 예산이 풍족하다는 것은 전쟁터의 군인들에게 최고의 무기가 주어지는 것과 같다. 여러 거래처에 다양한 판촉을 진행할 수 있고, 거래처의 웬만한 요청 사항에 긍정적으로 대응할 수 있기 때문이다. 하지만 어느 회사든 풍족한 예산이란 존재하지 않는다. 그래서 선택과 집중을 통해 최대한의 효과를 거둘 수 있는 전략을 세워야 한다.

소위 '돈질'을 할 수 있는 위치에 있어보지 못한 나는, 적은 비용으로 갑에게 도움이 될 수 있는 방안을 찾고자 다방면으로 고민하고 움직였다. 마침 우리 회사가 종합 주류 회사인 것은 굉장히 유용했다. 거래처 호텔에서 워크숍이나 야유회가 있으면 '처음처럼'을 지원했다. 큰 비용은 아니지만 갑의 어깨는 한껏 올라갔을 것이다. 거래처에 조사弔辭가 있으면 조문을 드리는 데 그치지 않고 주류를 지원했다. 당시에야 경황이 없어 표현하지 못했던 거래처분도 장례를 마친 뒤에는 항상 배려에 대한 감사를 표했다. 어려울 때 도움을 드리는 것이야말로 마음을 얻는 지름길 같다.

커스터마이즈된 마케팅 마이라벨 'OO처럼'도 영업활동에 정말 많이 활용했다. 지위 고하, 남녀노소를 막론하고 본인 이름이 붙은 '처음처럼'을 받고 싫어한 전례가 없었다. 거래처 송년회 때, 참석자 중 가장 높으신 분의 성함으로 라벨을 제작해 갖다드리면 백발백중 좋아하셨다. 경험상 거래처분들은 다양한 판촉으로 매출을 올려주는 것보다 본인의 갑에게 직접적으로 칭찬받게 되는 경우를 더 좋아하더라. 그런 면에서 마이라벨 판촉은 비용도 적은 데다, 효과는 100퍼센트 보장이었고, 제품도 홍보할 수 있어 그야말로 일타삼피의 방안이었다. 이 마케팅은 앞으로도 잘 활용될 것으로 예상된다.

때로는 시즌 행사를 활용하기도 했다. 1년 중 내가 초콜릿을 가장 많이 사는 때는 밸런타인데이다. 직원들뿐 아니라 거래처도 대부분 남성들이라 이날을 챙기려면 꽤나 많은 초콜릿을 사야 한다. 헌데 나는 화이트데이 때도 사탕을 또 산다. 화이트데이에 거래처분들께 사탕을 갖다드리면 백이면 백 "이날은 남자가 여자한테 주는 날 아니에요?" 하고 반문한다. 그럼 나는 "맞아요. 그러니 사모님 갖다드리세요"라고 말한다. 센스 없이 거래처한테 받았다는 말은 하지 말고, 퇴근 후 무심하게 건네라며 사탕을 드린다. 뭐니뭐니 해도 남성들에게 최고의 갑은 아내가 아니던가! 여러분은 혹시 5월 21일이 무슨 날인지 아는가? 바로 '부부의 날'이다. 둘이 모여 하나가 된다고 21일이라고 하더라. 5월 21일에는 포장된 장미꽃 한 송이를 여러 개 사서 거래처분들께 드린다. 의아해하는 그분들에게 오늘 부부의 날이니 집에 가서 고맙다는 말과 함께 이 꽃을 아내에게 주시라 말한다. 또 센스 없이 거래처한테 받았다는 말 따위는 절대 하지 마시라고도 덧붙인다. 유부들은 알겠지만 부부가 서로에게 고마움을 표할 일은 그다지 많지 않으며 마음을 표현하는 것도 다소 쑥스럽다. 이렇게 등 떠밀려서라도 작게나마 마음을 표현한다면, 예상치 못했던 상대방에겐 큰 감동으로 다가온다. 부부의 날에 장미꽃을 사온 남편을 타박할 아내는 없다. 결과적으로 슈퍼 갑 아내들의 칭찬은 남편을 기쁘게 하고—당분간 편하게 해준다는 것이 정확한 표현일 것 같다—그 기쁨은 나에게 긍정적인 피드백으로 돌아온다.

물론 이런 소소한 이벤트들이 참된 효과를 보기 위해서는 성실하고 전략에 맞는 영업활동이 기본이다. 비용을 이용한 단순 매출 증대도 좋지만 갑에게 진정으로 도움이 되고, 갑을 빛나게 할 수 있는 고차원적인 방안에 대한 고민을 지속한다면 적은 비용으로도 큰 효과를 볼 수 있다.

회사에서는 가만히 있으면
반도 못 간다

 '모난 돌이 정 맞는다'는 말이 있다. 우리 사회의 특징 중 하나는 튀는 사람, 정확히는 보통 사람들과 '다른' 사람들에 대한 포용심이 적고 다소 공격적이라는 것이다. 오바마 전 대통령 내한 당시 우리나라 기자들에게만 특별히 발언권을 주었는데 아무도 손을 들지 않아 중국 기자가 질문했던 일은 우리가 얼마나 튀는 것에 관대하지 못한지 잘 알 수 있는 대목이다. 예로부터 한민족을 중시했으며, 외국인들이 들으면 놀랄 노자인 '우리 와이프'라는 단어가 있을 정도로 '우리'를 강조하는 문화 탓에 더욱 그러한 것 같다. 열심히 공부해서 좋은 학교를 가고 좋은 직장에 들어가 적당한 때에…… 그러고 보면 이 '때'라는 것도 참 우습다. 적령기에 결혼해서 아이를 낳고 부모를 공경하며 사는 삶을 여전히 당연하게 여기는 것이 말이다. '학생=공부'라는 공식처럼 암묵적인 규칙이 너무 많은 사회라 이 규칙에서 벗어나면 응원보다는 질타와 꾸중을 듣기 십상이다.

곰곰이 생각해 보면 난 어려서부터 관종기가 다분했다. 태어날 때부터 쌍둥이로 태어나 관심과 사랑을 양분해야 했고, 한 살 터울의 오빠까지 있어서 엄마와 아빠를 오롯이 독차지 하고 싶어도 쉽사리 내 순서가 오지 않았다. 욕심 많은 나는 더 많은 관심과 눈길을 받기 위해 차분하고 얌전한 오빠, 동생과 달리 특이한 행동을 많이 했던 것 같다. 언젠가 한번은 철봉에서 무리하게 묘기를 부리다 땅에 세게 떨어졌고 계속 못 일어나자 놀란 동생이 급히 엄마를 모셔온 적도 있다. 어렸을 때부터 창피함을 무릅쓰고서라도 관심받는 기쁨을 더 원했던 것 같다. 중학교 시절 누가 시킨 것도 아닌데 열심히 공부했던 것도 9시면 잠자리에 들던 동생과 다른 모습을 보여드려 부모님께 더 많은 관심과 기대를 받고 싶은 마음이 컸던 것 같다.

막상 어른이 되어보니 나를 가장 괴롭혔던 과목인 수학이, 가장 쉬운 과목이 아닌가 싶다. 수학은 정해진 법칙대로 계산하면 정답이 나오는 반면, 삶은 정확한 답이 하나도 없는 것 같기 때문이다. 그래서인지 관종기 가득하고, 할 말 다하는 성격으로 자란 나 같은 사람도 사회에 분명 필요하지 않을까 싶다. 우리가 직면한 문제들을 해결하려면 여러 사람의 목소리가 필요하다. 문제를 해결할 수 있는 방안을 최대한 다양하게 마련하고, 그중 가장 나은 방안을 골라야 하지 않겠는가? 헌데 특히 경직된 한국 사회에서는 침묵을 높게 쳐주는 이상한 문화가 있다. 사실 실효성 있는 발언 기회가 자주 오는 것도 아닌데 조직 생활을 하면서 공동체 의식이 쓸데없는 곳에서 발현되는 때를 자주 목격하곤 했다. 심지어 전임자가 못했던 일을 해내면 선배를 욕보인다고 생각하는 사람들도 있었다.

새로 부임하신 본부장님과 서울권 지점장님들, 팀장님들과 처음으로 티타임을 가졌을 때였다. 본부장님께서 지점장님들에게 각 지점의 현재 손익 현황과 목표 달성을 위해 매출을 얼만큼 더 올려야 하냐고 물었다. 4번째 지점장님까지 "모르겠습니다"라고 대답하셨고 마침내 5번째 지점장님 차례까지 왔다. 워낙 숫자에 강한 분이라 당연히 정확한 수치를 대답하실 거라고 생각했다. 하지만 의외의 대답이 나왔다. "앞에 선배님들께서 모른다고 답하셨기 때문에 저도 모른다고 하겠습니다"라고 말씀하신 것이다. 워낙 선하신 분이라 본인만 정확한 수치를 답하면 나머지 분들이 큰 꾸지람을 들으실까 염려되어 그런 대답을 하셨겠지만 내 생각은 다르다. 근래 회사의 가장 큰 관심사가 손익이라 손익 관련한 질타를 많이 받는데, 한 분이라도 제대로 답해야 '그래도 손익에 신경 쓰며 일하는 사람이 있구나' 하고 면피할 수 있었을 것이다. 그러나 이런 것들을 차치하고서라도 왜 아는 것을 모른다 답한단 말인가? 당연히 분위기는 좋을 수가 없었고 본부장님께선 부드러운 어투로 뼈 있는 질책의 말씀을 하셨다. 20여 분간의 티타임—이라 쓰고 본부장님 핀잔 타임이라 읽는다—이 종료될 즈음에 본부장님께서 건의 사항이나 요청 사항이 있으면 말하라 하셨다. 의사결정자에게 직접 제안할 수 있는 절호의 기회였는데 다들 한 마디도 하지 않았다. 침묵을 깬 것은 나였다.

"다른 분들도 마찬가지겠지만, 동서울 지점장님은 손익을 굉장히 신경 쓰십니다. 현재 저희 동부FM팀에서 사용하는 비용은 모두 동서울지점 손익 산출에 들어가지만 실제 비용이 집행된 거래처는 동서울 지점 외의 거래처 비중이 높아 손익 계산상에 오류가 발생합니다. 이 문제로 동서울 지점장님께서 저에게 여러 번 챌린지하셨습니다. 지금처럼 동부FM팀의 비용을 무조건 동서울로 귀속할 게 아니라 실제 비용이 들어간 거래처 관할 지점으로 귀속하는 것이 제대로 된 산출 방법일 것 같습니다. 손익 산출 시스템의 개선을 요청드립니다"라고 말씀드렸다. 실제로 우리 FM팀들의 비용이 어디에 어떻게 꽂히느냐에 따라 지점의 손익이 크게 달라져, 내가 아니더라도 누군가는 이슈를 제기했어야 하는 굉장히 중요하고도 민감한 문제였다. 의사결정자에게 보고한다면 신속하게 해결될 것으로 판단되어 발언 기회가 주어졌을 때 바로 요청했다. 내 말이 끝나자 본부장님께선 해당 문제에 대해 인지하고 있으며, 개선작업을 이미 지시했으니 내년부터는 제대로 된 지점별 손익 산출이 가능할 거라고 말씀하셨다. 여쭤보지 않았다면 알지 못했을 사실을 건의 사항을 통해 명쾌한 답변을 얻을 수 있었다.

가만히 있지 않았던 내가 얻은 것은 2가지다. 일단 손익 산출 시 발생하는 문제점에 대해 내가 정확히 파악하고 있었고, 이를 해결하기 위한 방안도 고민했다는 사실을 본부장님께 전달할 수 있었다. 본부장님께선 내 건의 사항을 듣고 유꽃비가 최소한 손익에 대해 신경을 쓰고 있으며, 개선 방안을 고민하는 사람이라고 여기셨을 것이다. 한 가지 더, 나의 발언이 표면상으로는 동서울 지점장님께 편잔을 드린 것처럼 보이지만 사실상 동서울 지점장님께서 평소 손익에 대해 얼마나 신경 쓰고 계신지를 본부장님께 보여드릴 수 있는 기회였다. 한 번도 아니고 여러 번 비용 관련해서 챌린지하셨다는 것은 평소에 그만큼 손익을 신경 쓰셨다는 반증이 될 것이기 때문이다. 그날 회식 자리에서 동서울 지점장님께서 내게 따로 고마움을 표하셨다.

이 사례는 문제에 대해 이슈를 제기함과 동시에 개선이 진행되고 있음을 바로 전달받을 수 있었던 좋은 사례다. 이슈를 제기했다고 해서 이렇게 개선이 되는 경우는 사실 흔치 않다. 하지만 새로운 화두가 될 수 있다는 것만으로도 굉장히 큰 의미가 있다. 아예 생각해 보지도 않았던 부분에 대해서 생각해 보고, 다시 한번 검토할 수 있는 기회가 되기 때문이다. 미흡한 부분을 개선할 수 있다면 나에게는 물론이고 회사로서도 분명 좋은 일이지 않겠는가?

인정과 칭찬은
연장 근무도 불사하게 한다

 관우가 말했다. 남자는 자신을 알아봐 주는 사람을 위해서라면 목숨도 건다고. 비단 남자만 그런 것은 아니다. 매슬로의 5가지 욕구 피라미드에도 나오듯 인간은 타인에게 인정받고자 하는 욕구가 있다. 어렸을 때는 부모님께, 학창 시절에는 친구들에게, 직장에 들어와서는 동료나 상사들에게 인정받기 위해 노력한다.

신입 사원 때, 출근 시간이 기다려질 정도로 회사가 좋았다. 회사 사람들도 좋았고, 회사 건물도 좋았고, 사원증도 명함도다 좋았다. 나를 방치하시던 파트장님만 빼고 다 좋았다. 그 또한 나를 가르치거나 육성하려는 생각이 없으셨기에, 나 또한 인정받고자 하는 마음이 없었는데 후에 오신 파트장님은 달랐다. (원래 알던 사이였지만, 자꾸 주말에 등산을 권하시는 분이라 그다지 좋아하지는 않았다.) 그런데 새로운 파트장님께서 발령이 난 날, 파트장님이 나를 불러 본인이 여성 직원과 같이 근무를 해본 적이 없어 불편하기도 하고 다소 염려도 된다고 솔직하게 말씀해 주셨다. 본인이 처음이라 실수할 수 있으나 나쁜 의도가 있는 것은 결코 아니니 이해해 주고 불편한 점은 편하게 말해달라 하셨다. 이런 자상한 분이……

참고로 파트장님은 나와 함께 하는 내내 나를 불편하게 하거나 실수한 적이 한 번도 없으셨다. 처음으로 좋은 관리자, 제대로 일하는 관리자를 만나니 업무와 실적에도 탄력이 붙었다. 그분는 우선 맺고 끊음이 정확했고, 지키지 못할 약속은 하지 않으셔서 업무에 있어 깔끔한 처리가 가능했다. 선택과 집중으로 최선의 결과를 도출해 내니 실적도 자연스레 좋아졌다. 그분은 혹여 내가 실수를 해도 질책하거나 화내기보다는 신속하게 처리할 수 있도록 도와주셨고, 다른 파트나 지점과 언쟁을 해서라도 우리에게 필요한 것을 쟁취해 오셨다. 한마디로, 나와 사수가 영업활동에만 집중할 수 있도록 최대한 서포트해 주셨다. 당근과 채찍을 골고루 쓰신 게 아니라 당근만 쓰셨는데도 우리가 파트장님을 쉽게 보기보다 오히려 감사한 마음으로 더욱 열심히 근무했던 것 같다.

당시 우리 파트가 파트장님, 사수, 나, 이렇게 세 명뿐이다 보니 개인적인 일이나 고민도 공유하며 정말 가족같이 지냈다. 파트장님은 아침에 내 얼굴만 봐도 연애가 잘되고 있는지 아닌지 알겠다고 하셨을 정도였다. 내 이미지가 워낙 강하다 보니 보호나 배려를 받는 편은 아니었는데, 파트장님은 내가 부담스럽지 않도록 티 내지 않고 나를 신경써 주셔서 더욱 감사했다. 한번은 ㅅ호텔 사람들과 저녁 식사 자리가 있었는데 연간 계약 건을 체결하기로 한 터라 축하의 의미가 있는 중요한 자리였다. 그런데 ㅅ호텔 측 참석자 중에 의사결정자도 아니고 계약과도 아무 상관없는 사람이 한 명 있었다. (술을 엄청 잘 마시던) 그 사람이 소주가 8할 이상인 맥주잔에 폭탄주를 계속 말아 권했고, 나는 단시간에 과음을 하게 되었다. 어디 가서 술을 빼는 스타일은 결코 아닌지라 최선을 다해 마시고 있는데 그 사람이 괜한 트집을 잡으며 내가 열심히 안 마셔서 연간 계약을 체결하지 못하겠다고 하는 게 아닌가? 초대받지 않은 사람이 무례하기까지 해 기분이 좋지 않았지만 그렇다고 다 된 밥에 코를 빠뜨릴 수도 없어 최대한 웃어넘기려고 했다. 그때 파트장님께서 굳은 얼굴로 단호하게 말씀하셨다.

"유꽃비 씨는 지금 최선을 다하고 있으며 이미 본인 주량보다 많이 마셨습니다. 앞으로 유꽃비 씨 몫까지 제가 다 마시겠습니다." 평소 파트장님은 젊은 거래처 담당자가 주사를 부려도 얼굴 하나 찡그리지 않으시고 너그럽게 양해해 주는 분이셨기에 이렇게 말씀하시는 것에 무척 놀랐다. 그 이후로 파트장님은 내 잔을 포함해 남들의 두 배나 되는 술을 계속해서 드셨다. 나는 그 마음이 너무 감사해서 돌아오는 차 안에서 엄청 울었다.

파트장님과의 일화가 또 생각난다. 비가 엄청 오던 날이었다. 호텔 디너 행사 후 거래처와 뒤풀이까지 마친 다음, 호텔 주차장으로 걸어가다 내가 미끄러진 것이다. 그때 넘어지는 나를 잡아주려다 파트장님까지 호텔 분수대에 빠졌다. 지금 생각해도 웃음이 난다. 둘 다 물에 풍덩 빠져서는 말 그대로 물에 빠진 생쥐 꼴이었는데 파트장님은 택시를 타고 가야 하는 나부터 걱정해 주시더라. 돌이켜 보면 파트장님은 사수에 비해 업무 능력이 부족했던 나를 더 성장시키기 위해 일부러 다양한 업무를 주신 것 같다. 반면, 능력 있는 사수에게는 매출 관련해서 조금 더 압박이 있었을 것이다. 그래서인지 파트장님은 사수에게 미안함과 고마움의 표현 또한 항상 잊지 않으셨다.

파트장님과 사수와 일하면서 전국 1등이라는 경험을 해볼 수 있었다. 이때 전력을 다하면 마침내 좋은 결과를 낼 수 있다는 것을 배웠다. 열심히 했더니 결국 되더라는 얘기는 공부에만 한정된 거라고 그동안 생각해 왔다. 그도 그럴 것이 노력을 통한 성취가 의외로 사회에서 얻기 어려운 경험이더라. 지금도 종종 지치고 힘들 때면 그때의 짜릿한 경험을 떠올리며 다시 한번 나를 다잡을 수 있도록 마음을 단단히 먹게 된다.

능력 있는 사람과의 업무는
그 자체로 복이다

 역사적인 인물에 대한 평가가 현대에 와서 종종
엇갈리듯, 회사에서도 특정 사람에 대한 평가가
엇갈릴 수 있다. 나 또한 회사 내에서 평가가 다
양하게 갈리는 것으로 알고 있다. 친한 사람들이야 나에 대해
다정하고 꼼꼼하다고 말하겠지만, 업무적으로만 얽힌 사람들
은 다소 까칠하다고 할 것이고, 서로 불편한 일이 있었던 사람
들은 '싹퉁바가지'라고 할 것이다. 지인들은 내가 입신양명의
욕심이 전혀 없다는 것을 잘 알고 있지만, 가깝지 않은 사람들

은 나를 성공에 목숨 건 욕망 아줌마쯤으로 생각하는 경우도 있다. 그러나 이런 다양한 평가들에는 크게 개의치 않지만, '유 꽃비는 열심히 하는 사람'이라는 것 정도는 모두에게 인정받고 싶다. 특히 팀원들에게는 더욱 그렇다.

사회와 마찬가지로 회사에도 정말 다양한 사람들이 있기 마련이다. 상사 스타일을 4가지로 분류해 놓은 것을 본 적이 있는데 나는 각각의 상사들을 모두 겪어보았다. 당연한 말이지만 멍게 상사와 일할 때는 답답하고 힘들었고, 똑부 상사와 일할 때는 정말 많은 것을 배울 수 있었다. 이처럼 상사 복은 회사

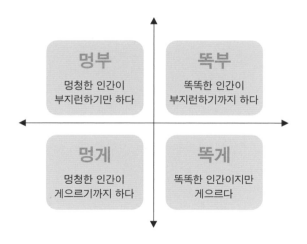

생활에서 지대한 부분을 차지한다.

지금 얘기하고자 하는 D팀장님은 내가 모셨던 상사분들 중에 가장 인상 깊고 배울 점이 많은 분이었다. 그분은 내가 소맥 아줌마 건으로 고군분투하던 시절의 팀장님이셨는데, '회사에 어떻게 이런 사람이 있지?'라는 생각이 들 정도로 특이하셨다. 이렇게나 자유분방한 분이 직장 생활을 20년이나 하신 것을 보면 그저 신기할 따름이다. 특히 D팀장님은 어떤 상대가 오든 상대에 맞는 처세가 정말이지 탁월해서 감탄스러울 지경이었다. 비결을 여쭤보니 원래 그랬던 것은 아니고 육군본부에서 높은 분을 모셨다고 했다. 위계질서가 확실한 군대였으니 상대방의 의중이나 기분을 살피는 능력이 최고치를 찍었다는 것이다.

또한 그분은 무엇보다 본인 일에 대한 애정이 남달랐다. 워낙 일을 잘하시는 분이라 신입 때부터 능력자로 소문이 났고, 예전 그룹에 있었을 적에는 대표님께 직보하며 독대도 했다고 한다. 또한 그분은 사무직이었지만 자유분방한 성격답게 외근을 많이 하셨고, 회사 밖에 있으면서도 계속 '처음처럼'에 대해 고민하셨다. 기본적으로 능력이 뛰어난 데다 업무에 집중까지 하시니, 독창적이고 효과적인 아이디어들이 샘솟았다. 매니저일 때도, 팀장일 때도, 항상 가장 많은 아이디어를 내는 것은 그분이셨다. 언제 어디서나 '처음처럼'이 잘 될 수 있는 방법에 대해 고민하셨고, 아이디어가 떠오르면 이른 시간에도 본인 아이디어를 공유하실 정도였다. 더구나 광고대행사가 있음에도 불구하고 대행사 측에 전적으로 맡기기보다는 광고 모델부터 콘셉트, 심지어 콘티 내용까지도 적극적으로 고민하셨다. 그야말로 전천후 능력자셨다.

아무리 아이디어가 좋아도 보고에서 엎어지는 경우가 많은데, 그분의 진가는 항상 보고에서 드러났다. 보고받는 상대가 누구든 그분이 보고해서 실패했던 경우를 본 적이 없다. 매출 현황에 대해 누구보다 관심이 많아서, 마케팅 팀인데도 항상 매출 현황과 앞으로의 판매 트렌드 예측으로 보고를 시작하셨다. D팀장님은 항상 "상대방에게 어깨를 내어주고, 심장을 가져오라"고 우리를 가르치셨는데, 원하는 바를 관철시키기 위해서는 상사든 거래처든 상대가 원하는 바를 일정 부분 들어주는 희생이 필요하다는 것이었다. 내가 '까라면 까는 척이라도 하자'는 기술을 터득한 이유도 D팀장님의 이런 모습을 보면서였다.

2007년 '처음처럼'이 출시됐을 때 D팀장님께서 '처음처럼'

브랜드매니저였던 터라 갖가지 판촉안을 기획하고 실행하셨다. 우리 제품이 후발주자인 데다 1위인 경쟁사 제품이 막강한 브랜드파워를 가지고 있다 보니 소비자들이 실제로 '처음처럼' 뚜껑을 따게 하기 위해 온갖 노력을 다 하셨단다. 언젠가 그의 컴퓨터 백업을 위해 내 외장하드로 자료를 다 옮긴 적이 있는데, 쌓여 있는 보고서를 보니 그동안 '처음처럼'의 성공을 위해 그가 얼마나 열심히 노력했는지 알 수 있었다. D팀장님의 주특기가 주류 관련 법규를 집요하게 연구해 법망을 피하면서도 소비자들과 식당 업주들에게 먹힐 만한 아이디어를 시행하는 것이었는데 그 덕에 관에도 불려가시고, 송사에도 휘말리시고, 뉴스에도 나오셨다. 그분이 했던 판촉 중에 가장 효과가 좋았던 것은 아무래도 병뚜껑 판촉일 것 같다. '처음처럼' 병뚜껑을 몇 개 모아오면 영화 상품권으로 교환해 주는 판촉이었는데 식당 이모님들께서 기를 쓰고 권유를 해주셔서 실제로 '처음처럼' 시장점유율이 올랐다. 그런데 병뚜껑 모으기가 생각보다 너무 과열되어서 병뚜껑을 영화 상품권으로 교환하려고 줄을 길게 선 사람들이 뉴스에 나오기도 했다. 그 결과 병뚜껑 관련해서 어떠한 판촉도 하면 안 된다는 조례가 새로 제정되었다. 이렇듯 그분이 하셨던 판촉들 덕분에 새로 제정된 주류 관련 법규나 조례가 꽤 있다. 누구보다 열심히 하셨다는 반증이리라. 매니저나 팀장이 되어서도 누구보다 열심히 하시는 D팀장님과 일하게 된 것은 회사 생활을 떠나 인생에서 굉장히 큰 행운이었다.

또 하나, 팀장님은 팀원들의 아이디어를 가장 적극적으로 지지하고 지원해 주시는 분이기도 하다. 성공 가능성이 높지 않거나 효과가 별로 없을 것 같은 아이디어라도 최소한의 비용으로 실행해 볼 수 있도록 기회를 주셨다. 하지 말아야 할 이유가 10,000개도 넘었겠지만, 그는 우리가 무엇이든 직접 경험해 보고 깨닫길 원하셨다. 또 D팀장님께서는 홍보물 등을 발주할 때 조금이라도 과하게 발주하면 회삿돈이 아니라 네 돈이라도 그렇게 할 수 있겠냐고 따끔하게 혼내시곤 했다. 더구나 직원들이 본인 기대만큼 빨리 성장하지 못해도 묵묵히 기다려 주셨다. 관리자가 되고 보니 그렇게 기다려 주는 것이 결코 쉽지 않음을 잘 알고 있기 때문에, 돌이켜 보면 굉장히 감사한 부분이다. 그래서 소맥 아줌마 건이 성공했을 때도 당시 팀장님이셨던 D에게 조금이나마 보답을 할 수 있어서 더욱 기뻤다.

비록 팀장과 팀원으로 회사에서 맺은 인연이지만, 팀장님은 우리를 인간적으로 아끼고 사랑하셨다. 사비를 들여서라도 우리에게 맛있고 좋은 것을 먹이기 위해 회식 때마다 직접 맛집을 검색하셨고, 힘든 프로젝트가 끝나면 1박 2일로 다 같이 워크숍도 갔다. 10명이 넘는 팀원들과 함께 서핑을 배우는 팀장님은 그분밖에 없을 것 같다. 이제는 우리 각자의 자리에서 서로를 응원하고 의지하며 지내고 있다. 상사이자 친구이자 같은 직장인으로서 우리의 우정은 평생 갈 예정이다.

먼저 사과한다고
결코 지는 것이 아니다

매출이 잘 나올 때면 공격적인 마케팅을 하고
싶다. 그런데 오히려 회사는 보수적으로 가길 원
한다. 괜히 좋은 분위기를 깨지 말고 가만히 있
으라는 느낌이다. 반면 매출이 잘 안 나올 때는 작은 것들이라
도 계속 시도해 보면 좋을 텐데, 매출이 안 나오는 원인을 분석
하고 대응 방안을 보고하느라 정신이 없다. 이러나저러나 무언
가를 계속 만들어내기보다 문제의 소지를 피하는 데 더 급급한
것이다. 아무래도 이익을 내야 하는 회사다 보니 어느 정도 이

해는 되지만, 업무적으로 '몸을 사리는 것'에 지나치게 집중하는 사람들은 좀체 능력 있어 보이지가 않는다.

실수나 잘못을 인정하면 당장 목숨이 사라진다고 여기는 사람들이 있다. 제품 바코드를 잘못 기재했다가 사고 처리 비용을 개인적으로 물고, 다른 부서로 발령난 전적이 있는 팀장님은 그 트라우마 때문인지 문제의 소지를 피하는 데만 집중하셨다. 최대한 피해를 받지 않으려는 '보신주의자'들로 뭉쳐 있는 조직에서는 새로운 업무를 진행하는 것이 여간 힘든 게 아니다. 어떻게 일이 100퍼센트 잘 될 가능성만 있겠는가? 그런데 이런 분들은 조금이라도 잘못될 가능성이 있으면 무조건 일을 막으셨다. 이런 분들이 재무나 구매 같은 관리 부서에 있었다면 큰 상관이 없을 거다. 그러나 문제는 그분이 마케팅 팀장님이신데도 새로운 시도를 저어했다는 것이다. 어쩌다 문제라도 발생하면 본인 잘못이 아님을 밝히는 게 최우선이셨고, 팀원들에게는 개인 비용으로 처리하라는 말만 반복하셨다. 성향이 이렇다 보니 새로운 업무를 극도로 싫어하셨다. 더구나 정해진 프로세스가 없는 업무인 경우가 많아 문제의 소지는 더욱 높았다. 혹여 문제라도 생기면 다른 부서에서 그 원인을 찾으시느라 분주했다.

마케팅 팀에서 새로운 프로젝트를 기획하고 진행하려면 여러 유관 부서의 협조가 필수다. 아이디어를 현실화시키기 위해서는 많은 과정을 거쳐야 하기 때문이다. 일러스트레이터와 함께한 'ZIpcy × 처음처럼' 콜라보 때도 기존 건과는 다르게 업무를 진행해야 했다. 이미 정해진 이벤트 날짜에 맞춰 런칭 준비를 해야 해서 일정 또한 굉장히 타이트했다. 디자인 팀과 생산 팀의 적극적인 협조가 최우선이었다. 만약 여러분이라면 어떻게 협조를 요청하겠는가? 어떤 부류는 이렇게 말할 것이다.

"대표이사님까지 보고된 프로젝트라, 지대한 관심을 받고 있습니다. 그래서 최우선으로 진행되어야 합니다."

생각해 보자. 마케팅 팀에서 기획한 콜라보가 디자인 팀과 생산 팀에 어떤 이득이 되겠는가? 이득은커녕 업무만 늘어난 것이다. '대표이사 팔계'는 타인을 설득할 능력이 없음을 반증하는 거다. 그럼 이렇게 말해보면 어떨까?

"저희가 '처음처럼' 콜라보를 기획했는데 획기적인 시도고, 좋은 결과가 있을 것 같습니다. 그런데 새로운 시도다 보니 디자인 작업이나 신고 과정이 이전과 달리 조금 복잡해 까다로운 작업이 될 수도 있을 것 같습니다. 많이 바쁘시겠지만 신경 써 주시길 부탁드립니다. 일단 가안이라도 전달해 주시면 최대한 일정에 맞춰 유관 부서들에게 협조 요청하겠습니다. '처음처럼' 대박 한번 터뜨려 보시지요! 항상 도와주셔서 감사합니다."

생산 팀에 가서는 이리 말했다.

"저희가 이번에 라벨 전체를 교체하여 제품을 생산하려고 하는데 생산 팀의 협조가 꼭 필요합니다. 부자재가 늦어도 언제까지 공장으로 입고되어야 할까요? 알려주시면 최대한 일정 맞추도록 하겠습니다. 정확한 생산 수량과 출고 일정 수립해서 전달드릴 테니 생산계획에 반영해 주시길 요청드립니다. 매번 도와주셔서 진심으로 감사드립니다."

우리 팀의 아이디어가 실현될 수 있도록 애써주시는 분들에게는 깍듯하게 감사함을 표현하는 것이 맞다. 업무를 가중시켜 드린 것이니 죄송함을 표현하는 것도 맞다. 객관적으로 따지고 들면 디자인 팀에게 디자인을, 생산 팀에게 생산을 요청하는 것이 당연한 일이고, 이때 '내가' 죄송해할 필요는 없다. 하지만 사과를 한다고 해서 지는 것은 아니다. 괜히 유관 부서의 기분을 상하게 해서 좋을 게 하나도 없다는 말이다. 물론 일이 있을 때만 잘하는 척을 하면 안 되고 평소에 인사도 잘하고, 가끔 간식 같은 뇌물도 갖다드려서 내 편으로 만들어놓는 것이 중요하다.

예를 들어 포스터 촬영 등 연예인을 만나는 업무가 있을 때

10명 정도의 사인을 별도로 부탁하곤 하는데 이럴 때 큰 도움을 주셨던 분들 이름을 슬쩍 넣어서 사인을 받아놓는다. 찐팬이 아니고서야 사인을 어디다 쓰겠냐 할 수 있겠지만, 10명밖에 안 되는 리스트에 본인 이름이 있다는 것은 확실한 감동 포인트가 될 수 있다. 참고로 연예인 사인을 갖다드려서 싫어했던 분은 아직까지 한 분도 없었다. 여러분이 디자인 팀 또는 생산 팀이라면 대표이사 핑계를 대면서 급한 일정을 당연하게 요청하는 사람과, 업무를 가중시키는 부탁이지만 죄송하고 감사한 마음으로 부탁하는 사람 중에 어떤 일을 더 신경 써서 해주겠는가? 참고로 우리 회사 생산 팀에서는 내가 요청드린 것만큼은 최선을 다해 도와주시고 있다. 그 이유는 비단 내가 생산본부장님과 독대할 정도로 친분이 있기 때문만은 아닐 거다.

회사도 사람 사는 곳이다 보니 당연히 다툼이 생긴다. 문제가 발생했을 때는 서로 예민할 수밖에 없고 그런 상황에서는 의도치 않게 상대방의 기분을 상하게 할 수 있다. 그럴 때마다 먼저 사과하기를 권한다. 무조건 내가 잘못했다는 식의 사과가 아니라 '이런 부분은 내가 간과한 것 같다', '이런 단어는 부적절했던 것 같다'와 같이 구체적으로 사과하자. 그런데 그때 본인이 역시 옳았다며 상대방이 득의양양한다면? 냅둬라. 아무에게도 인정받지 못해서 그렇게라도 본인 자존심을 지키고 싶은 사람이 분명할 테니. 또 상대방은 어쩐지 전혀 사과를 하지 않는다면? 그것도 냅둬라. 본인의 잘못을 깨닫지도 못하는 부족한 사람에게 무엇을 기대하겠는가. 또, 내가 사과했음에도 불구하고 상대방이 사과를 받지 않고 계속 불편하게 군다면? 만약 업무적으로 필요한 사람이라면 사무실처럼 공개적인 자리에서 가볍게 다시 한번 사과해 줘라. 자신에게는 결코 단 하나의 잘못도 없음을 공식적으로 인정받고 싶은 욕구가 큰 사람일 테니. 그 이후에도 당신에게 옹졸하게 군다면 주변 사람들이 보기에 과연 누가 모자라 보일까?

'당신의 사과'를 받고 싶어 징징거리고 툴툴거리는 누군가가 있다면 깔끔하게 해주는 게 오히려 당신에게 이득일 수도 있다는 것을 명심해라.

2장 눈치껏 일하는 말이
뭔지 모르겠다면?

1. 앵무새처럼 단순 전달만 하는 보고의 시대는 끝났다

보고란 상대방이 궁금한 것을 신속하고 정확하게 전달하는 것이다. 이를 위해서는 직접 발로 뛰어 확인하는 노력이 필요하다.

2. 늘 갑일 수도 늘 을일 수도 없다

모든 사람에게 '갑'인 사람은 없다. 나의 갑이 '본인의 갑'에게 칭찬받을 수 있는 계기를 만들어주자. 잘 겸비한 센스 하나 열 예산 안 부럽다!

3. 회사에서는 가만히 있으면 반도 못간다

다른 사람이 당신 의견을 대신 말해주길 바라면, 당신 자리도 다른 사람이 앉게 될 것이다. 최소한 당신 생각과 의견만큼은 직접 전달하자.

4. 인정과 칭찬은 연장 근무도 불사하게 한다

상사의 인정과 칭찬은 그 어떤 것보다 큰 보상이 된다. 잘하는 후배들에게 아낌없이 칭찬해 주자.

5. 능력 있는 사람과의 업무는 그 자체로 복이다

능력자와 가까이에서 근무한다는 것은 그 자체로도 큰 행운이고 복이다. 그들의 스킬을 전수받아 나의 강점으로 만들자.

6. 먼저 사과한다고 결코 지는 것이 아니다

'업무적으로 필요한' 상대가 나의 사과를 굳이 원한다면 시크하게 던져주자. 때로는 요령도 부릴 줄 알아야 한다.

3장

될놈될의
하루

회사의 성장은 곧 내 커리어다
할까 말까 고민되면 무조건 한다
해보지 않았을 뿐 못할 일은 없다
잽보다는 카운터펀치를 날리자
나비효과의 힘, 무엇이든 도전하자
있는 힘껏 애정하자
TO DO LIST 작성을 습관화하자

회사의 성장은
곧 내 커리어다

 여러분은 보통 몇 시에 기상하는가? 학창 시절부터 마흔이 다 되어가는 지금까지 아침에 기상하는 건 왜 이리도 힘든지 모르겠다. 알람을 3개정도 맞춰놓는데, 첫 번째 알람에 일어나는 일은 거의 없다. 세번째 알람에 일어나면 겨우 지각을 면할 시간이라 보통은 두번째 알람에 기상한다. 아니다 눈을 뜨고 누워 있다는 표현이정확하겠다. 여러분은 일어나자마자 무엇을 하는가?

지금은 검색어 순위가 사라졌지만 나는 매일 일어나자마자 검색어 순위부터 점검하곤 했다. 요새 다이내믹한 일들이 많다 보니 내가 잠든 사이에 또 큰일이 벌어진 건 아닌지 확인하려는 일종의 습관이었다. 검색어 순위에서 눈에 띄는 게 있으면 클릭해서 관련 내용을 확인하고 특별한 것이 없으면 우리 회사명과 '처음처럼'을 검색했다. 일어났을 때뿐만 아니라 업무 중에도 틈틈이 한다. 내 검색 히스토리를 뽑아본다면 아마도 회사명과 '처음처럼'이 1위일 것이다.

이런 습관을 가지게 된 이유는 간단하다. 나와 밀접하기 때문이다. 마케팅 팀에 있을 때나 영업 현장에 있는 지금이나, 회사에 어떤 이슈가 발생하면 당연히 나와도 상관이 있다. 좋은 이슈라면 활용 방안에 대해 고민하고, 부정적 이슈라면 신속하고 정확한 의사결정과 대응을 준비한다. 영업 팀장으로 있는 지금은 특히나 더욱 그렇다. 우리 팀원들이 소비자들과 최접점에서 근무하기에, 특히 부정적 이슈가 발생했을 때는 행동 하나하나를 조심해야 한다. 평소에 용인되던 것들도 혹시 문제의 소지가 있지는 않은지 돌다리를 두드리는 심정으로 확인 또 확인해야 한다. 경험상 좋은 것은 몰라도 안 좋은 것들은 꼭 혼자 오는 법이 없다.

입사 동기 중에 주식의 왕이 있다. 그 동기에겐 뉴스가 곧 돈

벌이다. 뉴스를 보면 이슈와 관련된 종목들이 바로 떠오른다고 한다. 동기의 주식 어플에는 테마나 주제별로 종목들이 엄청나게 세분화되어 있는데 본인이 파악하고 있는 종목 수만 2,000개가 넘는다고 했다. 특정 정치인의 절친이 운영하는 모피 회사 종목까지도 파악하고 있더라. 주식이라는 게 좋은 정보를 공유한다고 해서 나의 수익이 줄어들거나 손해가 나는 구조가 아니기 때문에 자상한 성격이었던 동기는 본인의 좋은 정보를 주변 사람들에게도 자주 공유했다. 복구하기 어려울 정도로 큰 손해를 본 다른 동기도 이 동기의 코칭을 받아 금세 원금을 회복하고 큰 수익을 봤다. 2020년 주식시장이 정상적이지 않았기에 가능한 일이기도 했겠지만 말이다.

그가 뉴스를 대하는 자세는 분명 우리와 다르다. 우리가 흘려들었을 정재계 뉴스도 그는 더욱 세밀하게 알아보고 분석했을 것이다. 왜? 돈이 되는 뉴스니까! 직접적으로 본인의 계좌를 풍족하게 해주는 뉴스니까!

업무도 마찬가지다. 주류 회사 직원이라면 최소한 주류에 대한 뉴스나 관련 업종의 뉴스에 집중해야 한다. 주류 시장에 영향을 '미칠 것 같은' 뉴스도 자세히 들여다봐야 한다. 예를 들어 친환경 기준이 강화된다는 뉴스가 연일 나오면 우리 회사 제품

SKU* 중 어떤 제품이 규제 대상이 될지, 어떤 제품이 반사이익을 얻게 될지 고민해 볼 수 있어야 한다. 참고로 그 동기는 친환경 기준과 관련된 뉴스가 나오자 유리 관련주를 샀다고 한다. 플라스틱 용기가 제한되면 병제품 사용이 늘어날 수밖에 없다고 판단했기 때문이란다.

회사가 성장해야 우리도 성장할 수 있다. 회사의 매출과 시장점유율이 늘어야 영업이익이 늘고, 결과적으로 그에 따라 우리의 승진이나 성과급이 결정되는 것이다. 내 경우 근래 몇 년간 회사 사정이 좋지 않아 연봉 인상이 1원도 안 되었으며, 성과급도 당연히 없었다. 그럼에도 불구하고 최선을 다해 열심히 일하고 있다. 일단 회사가 성장해야 하니까 말이다. 멀티 페르소나의 시대답게 회사에서만 회사원의 가면을 쓰는 사람들이 많아졌다. 이런 현상이 나쁘다고 생각하지는 않는다. 회사 밖에서까지 회사 때문에 스트레스 받을 필요는 없으니까. 다만 회사와 관련된 정보들이 실제로 내게도 돈이 되는 정보라고 인식하는 건 다른 문제다. 하물며 회사의 주식을 구입해 보는 것도 열심히 일할 수 있는 원동력이 될 수 있다. 비록 나는 우리 회

---

* SKU(Stock Keeping Unit) : 재고 관리 코드로 상품의 기본 단위를 일컫는다.

사 주식으로 큰 손해를 봤지만 —물론 '순하리'로 최고점을 찍었을 때 구입한 내 탓이다— 주식을 보유했을 때 실제로 조금 더 스스로를 채찍질했던 것 같다. 회사에 내 인생을 투자하고 있다고 생각하면 정보에 조금 더 민감해질 수 있지 않을까?

2020년 코로나19 이후 우리 삶의 형태가 여러모로 급격하게 다양해졌다. 2단계 및 2.5단계 격상으로 식당 영업시간이 제한되면서 주류 시장 또한 직격탄을 맞았다. 소비자들에게 회식이나 음주를 권할 수 없는 회사로서도 속수무책이었다. 회사가 확진자 수에 민감할 수 밖에 없는 상황은 너무도 당연한 것이었다. 그러니 나 또한 뉴스보다 먼저 확진자 수를 전달받기 위해 애쓰는 중이고, 그렇게 얻게 된 정보들을 최대한 신속하게 보고하고 있다. 코로나19 단계 발표 시점도 마찬가지다. 도심 상권 내 음식점들이 점차 배달을 시작하고 있다는 것을 파악하고 배달이나 포장을 해가는 소비자들을 대상으로 판촉도 진행하고 있다. 지속적인 관심과 고민은 어려운 와중에도 운신의 폭을 확보할 수 있는 아이디어를 창출해 낸다. 퇴근하는 순간 회사로부터의 스트레스 요인은 잊어버리되, 관심 버튼까지 꺼놓지는 말자.

할까 말까 고민되면
무조건 한다

엄마께선 아이 셋을 키우면서 대학원 석사에 박사학위까지 따셨다. 엄마와 같은 아파트에 살면서 아들 한 명 키우는 나도 이렇게 동동거리고 사는데 엄마는 당시 얼마나 힘든 일상을 사셨을까 생각하면 가슴이 먹먹하다. 항상 바빴던 엄마는 비가 내리던 날에도 우리를 데리러 학교로 오실 수 없었다. 그래서 우리 가방 속엔 항상 우산이 있었다. 우산이 너무 무거워서 빼놓고 간 날이면 어김없이 비가 와서 엄마가 오지 못했다는 것에 대한 속상함이 배가되곤 했다. 이처럼 어떤 걸 할까 말까 고민하다 안 하면 꼭 후회할 일이 생겼다.

아무래도 우리 팀 업무가 식당 관리다 보니, 회사의 지체 높으신 분들이 방문할 식당을 사전에 세팅해야 하는 일이 잦다. 여기서 세팅이라 함은 높으신 분들께서 방문하기 전에 우리 제품이 제대로 입점되었는지를 확인하고, 없을 경우 신속하게 입점 및 진열을 해놓는 것이다. 나의 관할 지역인 본사 근처와 강남 상권이 그분들의 활동 지역과 정확히 일치하다 보니 세팅 업무가 주로 내 쪽으로 몰린다. 일정과 장소를 며칠 전이라도 미리 알려주면 그나마 수월한데, 당일 오후에 급하게 요청이 오면 참 곤란하다. 전년도에 소주 및 맥주 모두 신제품이 출시됐는데 한동안 임원분들이 가시는 걸음걸음마다 미리 가서 세팅하느라 애를 좀 먹었다.

얼마 전에는 저녁 6시 10분에 임원분께 전화가 왔다. 성함이 뜨는 순간 용건을 예상할 수 있었고 역시나 세팅 건이었다. 그룹의 높으신 분께서 대치동에서 식사를 하고 계신데 그 식당에 우리 맥주가 없다는 것이었다. 사실 세팅 자체가 우리 업무가 아니기 때문에 팀원들에게 시키지 않고 직접 하곤 했는데, 이런 경우야말로 더욱이 직접 움직여야 한다. 마침 나와 대치동 담당자 모두 사무실에 있어서 내가 직접 운전해 담당자와 함께 움직였다. 신속하게 냉각된 우리 맥주를 공수해서 해당 식당으로 갔다. 식당 측에 사정을 말하자 다행히 양해해 주셨고 방으로 맥주를 직접 갖다드릴 수 있었다. 식사 중이시던 그룹 관계자들께서 나를 알아보시고 이렇게 신속하게 처리해 줘서 고맙다며, 우스갯소리로 수고했으니 내일 하루 쉬라는 말까지 하셨다. 같이 식사 중이시던 일행들께도 나를 소개했는데, 언뜻 들으니 법무법인의 ㅇ사분들이신 것 같았다. 좋은 시간 되시라고 인사를 드리고 나와서 생각해 보니 혹시 몰라 가져온 마이라벨 기계가 가방에 있었다. 예상보다 시간이 지체되어 분위기 반전이 필요할 경우를 대비해 챙겨왔다. 마이라벨을 안 좋아했던 사람은 없었지만, 혹여 중요한 자리에 방해가 될까 고민했다. 그러나 마이라벨을 드린다 해서 혼날 일은 없을 것 같아 바로 ㅇ사 홈페이지에 들어가 회사 비전을 살펴보고 그에 맞는 문구로 마이라벨을 뽑아 다시 방으로 찾아갔다. 외람되지만 좋은 자리인 것 같아 마이라벨을 드리고 싶었다고 양해를 구하고 라벨을 내밀었다. 회사명뿐만 아니라 비전까지 넣어온 라벨을 보시고 ㅇ사분들이 굉장히 기뻐하셨다. 역시 할까 말까 고민될 때는 하는 것이 맞다.

몇 년 전에 그룹 내에서 새로운 포럼을 개최한다며, 각 회사별로 홍보 부스를 만들어 운영하라는 공지를 내려보냈다. 소개할 제품과 판촉물을 선정해야 했는데, 마이라벨이 의미도 있고 판촉 행사로도 좋을 것 같았다. 그룹에서 진행되는 포럼은 으레 회장님께서도 관람을 하시기에 회장님 성함으로 마이라벨을 준비하려다 혹여나 외람될까 싶어 고민을 조금 했다. 그러나 할까 말까 고민될 때는 뭐다? Go! 포럼 당일, 회장님께서 우리 부스에 오셨을 때 회장님 성함으로 라벨 제작을 직접 시연하고 미리 준비한 라벨 300장을 드리며 언제든지 전용 라벨로 '처음처럼'을 드실 수 있도록 준비했노라 말씀드렸다. 그러자 회장님께서 활짝 웃으셨고, 좋은 분위기에서 우리 부스 관람을 마무리하셨다. 호텔에서 몇 번 지나치며 뵌 적은 있지만, 회장님께 직접 말을 건네본 것은 그때가 처음이자 마지막이었다. 앞으로도 회장님께 말을 건네고 회장님을 웃음 짓게 할 기회가 다시 오긴 어려울 것 같다는 생각이 든다. 역시 할까 말까 고민될 때는, 하는 것이 후회가 없다!

해보지 않았을 뿐
못할 일은 없다

 쌍둥이 동생 단비가 은행장님 비서로 근무할 적이었다. 은행장님이 안 계신 날, 내가 깜짝 방문한 적이 있었는데 단비도 나 못지않은 장난꾸러기라 몇몇 임원실에 본인인 척 나를 들여보냈다. 다들 단비인 줄 알고 말씀하시다 단비가 뒤에서 나타나니 소스라치게 놀라셨고 모두들 어찌나 재밌어하셨는지 모른다. 몇몇 임원분들께 인사도 드리고 제 자리는 혹시 없냐며 넉살을 떨고 나오기도 했다.

그런데 다음 날, 어떤 분께서 단비에게 이리 말씀하셨다고 한다. "그동안 단비 씨를 보면서 약간 근거 없는 자신감이 있다 싶었는데, 단비 씨 언니를 보니까 왜 그런지 알겠다. 근자감이 장난 아니다." 초면임에도 불구하고 이런 말을 거리낌 없이 하는 사람은 보통 평소에는 할 말도 잘 못하면서, 술에 취해야만 언성이 높아지는 스타일이더라. (여보세요, 그건 근자감이 아니라 자존감이 높다고 표현하는 게 맞습니다!)

근자감이든 자신감이든 자존감이든 상관없다. 내가 아직 해 보지 않았을 뿐, 결국 못 해낼 것이 없다고 생각하는 태도가 우리에겐 필요하다. 나도 사람인지라 새로운 일에 도전할 때면, 걱정도 되고 염려도 된다. 그러나 결국 잘해낼 수 있을 거라는 긍정적인 마인드로 임한다. 그렇지 않았다면 지금 노트북 앞에 앉아 이 글을 쓰고 있지도 않았겠지.

입사 후 첫 회식 때의 일이다. 같은 날, 같은 부서로 발령받으신 대리님과 나의 환영회 겸 부서 회식이었다. 회식 전, 대리님께서 본인의 집이 창동이라며 회사와 창동의 중간 지점에 사는 날 데려다주고 갈 생각이니 마음 푹 놓으라고 하셨다. 그때까지는 인상만 좋으신 줄 알았더니 인성도 좋은 대리님이구나 싶었다. 본격적인 회식이 시작되었다. 입사 전에 인사 팀과 했던 회식, 연수원에서 했던 회식은 역시 맛보기에 불과했다. 주류 회사 클래스다운 회식이었다. 와인을 음미하며 마시기는커녕, 표면장력까지 이용해 와인 잔에 가득 따라 일명 '매미눈깔주'를 만들어 원샷을 했다. 이 술을 마시고 게워내면 주위 사람들이 피를 토한 것으로 오해한다는 전설의 술이었다. 소주를 왜 소주잔에 마시지 않고 맥주잔에 가득 따라 마시는지, 이를 '컵 때기'라고 부르더라. 감당하기 어려울 만큼 많이 마셨지만 그렇다고 신입이 취해서 실수하면 안 되니 정신을 꽉 부여잡고 마셨다.

1차, 2차 술자리가 이어지다 잠깐 쉬어가는 타임으로 노래방에 들어갔다. 노래하는 동안은 술을 안 마셔도 되니 분위기도 띄울 겸 연속해서 신나는 노래를 불렀다. 그러던 중 무심코 뒤를 돌아봤다. 그런데 아까 날 데려다준다던 대리님이 소파도 아니고 바닥에 대자로 누워 계신 게 아닌가? 모두들 취한 상태라 정확히 언제부터 대리님이 바닥에 누워 계셨는지는 아무도 몰랐다.

부서원들과 간신히 부축해서 대리님을 택시에 태우긴 했는데 아무도 같이 타지는 않고, 다들 나만 쳐다보더라. 대리님만큼이나 다들 건장하신 분들이었지만 이미 자정이 넘은 시간인

데다 다들 집이 남쪽이었다. 파트장님께서는 꽃비가 같은 방향이니 가는 길에 태워다 주고 가라고 하셨는데…… 아니 저희 집에서 훨씬 위로 올라가야 하는데 가는 길이라니요? 그러나 어쩌겠는가……. 그땐 신입이라 '까라면 까는 척'이 아니라 진짜 까야 했다.

가는 내내 대리님은 당최 깨어날 기미가 없으셨다. 어찌어찌 아파트명은 알았으나 동호수는 전혀 모르는 채로 창동의 한 아파트에 도착했다. 그야말로 인사불성이 된 대리님을 억지로 깨워 어떻게 동호수를 알아내긴 했는데, 대리님은 끝내 정신을 못 차리셨다. 시간은 벌써 새벽 1시 30분. 하는 수 없이 180센티미터가 넘는 장정을 어깨에 부축해서 댁까지 올라갔다. 초인종을 누르니 아내분께서 누구냐고 물으셨는데 차마 만취한 남편분을 모시고 온 여자 직원이라는 말은 못하겠더라. 일단 대리님 성함을 말씀드리자, 아내분이 놀라 문을 열어주셨다. 누구라고 인사도 못 드린 채 현관 앞 신발장에 대리님을 내동댕이치다시피 하고 "죄송합니다"만 외치고 뛰어나왔다. 다시 택시를 타고 집에 오니 거의 새벽 3시가 다 되었다. 참 고된 하루였다.

다음 날, 피곤한 몸을 이끌고 일찍 출근했는데 대리님은 출근 시간이 다 되어도 나타나질 않으셨다. 모두들 나에게 어제 제대로 데려다준 거 맞냐고 재차 물으며 걱정하던 차에 드디어 대리님이 걱정 어린 표정으로 출근하셨다. 아내분께 많이 혼난 것 같아 괜찮으시냐고 물었더니 하시는 말씀이 가관이었다. 일단 집에 어떻게 왔는지도 전혀 기억이 안 나며, 아침에 일어나니 아내분께서는 요새 여자 대리운전 기사도 있나 보더라고, 어제 그분이 대리님을 데려다주고 갔다는 것이다. 그래서 대리님은 아파트 주차장에서 차를 한참 찾다가 결국 포기하고 출근하셨단다. 대리님을 모셔다드린 건 대리 기사가 아니라 저라고 했더니 대리님이 어이없어 하며 한참을 웃으셨다. 남자 직원이 여자 직원을 데려다준 적은 있어도, 그 반대는 처음이라며 첫 회식에서부터 강철 사원으로 자리매김했다. 원래도 빼는 성격은 아니었지만, 이제 내가 회사 생활에서 무엇을 빼겠는가……. 오로지 직진과 전진뿐이지.

와인사업부는 당시 분기에 한 번 꼴로 창고―직매장―의 실제 재고와 전산상의 재고를 맞춰보는 작업을 했다. 회사가 수입하는 와인만 몇백 종인 데다 고가 와인의 경우 빈티지―포도 수확 연도―를 별도로 분류해야 해서, 많은 인원이 한꺼번에 가서 동시에 작업하곤 했다. 첫 재고조사 때 건장한 대리님과 같은 조가 되었다. 우리는 7, 8m는 족히 되는 높이까

지 지게차를 타고 올라가 재고조사를 해야 했는데 그 대리님이
자기는 고소공포증이 있으니 나보고 올라가라는 것이 아닌가?
참고로 나도 고소공포증이 있어 고층 아파트나 고층 건물에서
아래를 내려다보지 못한다. 그러나 대리님은 막무가내셨다. 늦
게 끝낼수록 퇴근이 늦어질 텐데 걱정이었다. 당시 창고는 덕
평 쪽에 있어 조금만 늦게 출발해도 교통지옥이 열리는 곳이
었다.

　결국 대리님의 짬이 나를 이기고 말았다. 나는 하는 수 없이
지게차에 놓인 박스 위에 앉아 5, 6단으로 올라갔다. 처음에는
다리가 후들거려서 박스에 앉은 채 눈으로만 후다닥 세었는데
이러다간 퇴근 시간에 길 위에서 2시간 이상 보낼 게 분명했다.
조기퇴근 욕망은 고소공포증도 이겨냈다. 곧 몸을 일으켜 지게
차와 진열장 5, 6단을 오가며 속도를 높였다. 그렇게 우리는 재
고조사를 마쳤고, 다행히 퇴근 시간을 피해 서울로 출발할 수
있었다. 예전에 번지점프대에 호기롭게 올라갔다가 제발 살려
달라고 울며불며 애원해 다시 걸어내려 온 적이 있을 만큼 고
소공포증이 심했는데…… 높은 곳보다 선배의 잔소리가 더 무
서웠나 보다. 그래도 그날 콤플렉스 하나를 깬 것 같아 괜히 뿌
듯하기도 했다.

영업 사원은 자고로 제품을 판매할 수 있는 곳이라면 어디든 달려가야 한다. 와인사업부에 있을 때 이런 경우도 있었다. 한 회사에서 송년 행사용으로 와인을 대량 구입해서, 행사장인 호텔로 대리님과 내가 직접 와인 배송을 갔다. 와인 수량이 굉장히 많았는데 호텔 로비에서 카트 출입을 막았다. 다른 호텔과 마찬가지로 고객들이 지나다니는 로비에서 카트로 물건을 옮기는 것이 허락되지 않았다. 그 호텔이 마침 내 거래처라 구매 팀에 검수장을 이용할 수 있는지 문의했지만, 구매 팀을 통하지 않은 와인이 호텔로 대량 입고되는데 불만이 있던 담당자는 매몰차게 거절했다.

행사 시간은 점차 다가오는데 와인은 아직 한 병도 배송하지 못해 큰일이었다. 하는 수 없이 연회장 담당자에게 도움을 청하자 호텔 외벽에 설치된 리프트—라 쓰고 그냥 외줄에 매달린 큰 판때기라 하겠다—를 이용하라 하더라. 건축가들이! 어련히 안전하게 만들었겠냐마는! 내 눈에는 하나도 안전해 보이지 않았다. 그저 굵은 줄에 매달린 큰 판에 불과했다. 12층에 위치한 연회장까지 별도의 안전장치도 없이 수백 병의 와인을 이 리프트에 싣고 올라가야 했다. 나는 애초에 고소공포증이 아니었나 보다. 제시간에 배송하지 못해서 송년회를 망칠 생각을 하니 나도 모르게 리프트에 타고 있었다. 한 덩치 하시는 대리님에게라도 좀 의지하려 했는데 여전히 나보다 더 겁이 많으셨다. 리프트로 12층까지 올라가긴 했는데 리프트와 호텔 외벽 사이의 한 뼘도 안 되는 틈을 건너려니 막상 발이 안 떨어졌다. 대리님에게 먼저 건너가서 손 좀 잡아달라고 했더니 나부터 건너라고 또 짬으로 밀어붙여서, 결국 내가 먼저 건너가 박스에 실린 와인을 옮겼다. 재고조사 때보다 2배는 높은 곳이었는데, 고소공포증보다 무서운 것은 매출이요, 꾸중이더라.

그렇게 무사히 배송을 마무리하고 퇴근하는 길에 문득, 내가 생각보다 강인한 사람임을 깨달았다. 그동안 내 한계를 스스로 단정 짓고 있던 것은 아니었을까 싶었다. 막상 겪고 보니 모든 게 교훈이었다.

또 깡이 위력을 발휘했던 때가 있다. 신입 사원 시절, 처음으로 신규 브랜드 론칭 파티를 준비하게 되었다. 호주의 와인메이커를 초청했는데 그분이 오케스트라 단원이라 파티에서 직접 연주를 하고 싶다며 첼로를 준비해 달라고 부탁했다. 행사를 불과 며칠 앞두고 갑작스럽게 전달받은 요청 사항이었다. 아무 악기나 준비할 수도 없었고, 그렇다고 대여비를 처리할 방법도 없어 매우 난감했다.

머리를 싸매며 방법을 고민하다가 모교를 떠올렸다. 홈페이지에서 음대 교수님들 정보를 파악한 다음, 일면식도 없던 관현악 교수님께 전화를 드리고 직접 찾아뵈었다.

음악인에게 악기를 빌려주십사 말씀드리는 것이 얼마나 무례한 일인지 알고 있지만, 꼭 좀 부탁드린다며 전후 사정을 말씀드렸다. 아울러 왠지 교수님께서 와인에 조예가 깊으실 것 같은데, 직접 행사에 오셔서 교수님의 첼로가 얼마나 멋지게 연주되는지, 저희 와인이 얼마나 훌륭한지도 평가해 주십사 초청까지 했다. 다행히도 마음을 다한 설득에 교수님께서는 본인이 소유하고 있는 첼로 중 가장 아끼는, 100년도 더 된 첼로를 흔쾌히 내어주셨고 행사에도 참석해 주셨다. 교수님께서는 와인메이커와 와인 얘기는 물론 음악 얘기도 나누시며 즐거운 시간을 보내셨다. 본인의 악기가 얼마나 훌륭하게 연주되는지도 헤드 테이블에서 직관하셨다.

사실 교수님께 연락드리면서도 악기를 내어주실 가능성은 거의 없다고 생각했다. 그럼에도 불구하고 시도조차 하지 않으면 가능성이 적은 것뿐만 아니라 아예 0퍼센트가 되기에 실례를 무릅쓰고 전화드린 것이었다. 도전하는 일들이 다 성공할 수는 없다. 하지만 도전조차 하지 않으면 성공은 아예 존재하지 않는다. 이 과정에서 내가 얻은 교훈은 우리가 해보지 않은 일은 있어도, 결코 못할 일은 없다는 것이다. 그래서 오늘도 나는 현실에 안주하기보다는 새로운 것에 도전해 보려고 한다!

잽보다는
카운터펀치를 날리자

사람마다 다르겠지만, 나는 작고 귀여운 선물을 여러 번 하기보다 크고 값어치 있는 선물 하나 를 선호하는 편이다. 잽을 여러 번 날리기보다는 카운터펀치 한 방을 선호한다는 뜻이다. 업무에 있어서도 마찬 가지다. 평소에는 묵묵히 맡은 바 최선을 다하지만 이따금 임 팩트 있는 업무들을 진행하려고 노력한다. 짧지 않은 회사 생 활에서 깨달은 건, 묵묵히 본인 업무에 최선을 다하는 것은 당 연한 것이고, 적절한 때에 제대로 한 방을 날려줘야 능력 있다고 평가받는다는 것이다. 물론 한 방만 노리라는 뜻은 아니다. 다만 너무 묵묵하게 일하는 것도 권하지 않는다.

회사 사람들에게 나를 제대로 각인시켰던 계기는 뭐니뭐니 해도 '포항 소맥 아줌마' 섭외 건 같다. 같은 계열사였지만 회사는 달랐던 음료 부문의 본부장님께서 우리 주류로 새로 부임하신 당시, SNS를 활용한 '처음처럼' 브랜딩과 이슈화를 준비 중이었다. 한창 유튜브에서 소맥 아줌마가 이슈였는데 그 당시에는 수도권 위주로 영업활동이 이뤄져서 소맥 아줌마가 계신 포항에는 영업 사원이 없었다. 그러니 아주머님 입장에서는 본 적도 없는 '처음처럼' 영업 사원과 달리 경쟁사 담당과는 친분이 두터울 수밖에. 아주머님을 섭외하려고 대행사를 통해 연락했을 때 돌아온 답변도 역시 경쟁사와 이미 광고 계약이 체결되었다는 것이었다. 아쉬웠지만 우리는 신속하게 차선책을 마련했다. 신당동에 있다는 '욕 잘하는 외국인 쏘냐'를 활용한 기획안을 본부장님께 보고드렸다. 그러나 본부장님께서는 이렇게 말씀하셨다. "됐고, 무조건 소맥 아줌마를 섭외해 와라."

경쟁사와 이미 광고계약이 체결되어 있다고 재차 보고드리자 본부장님께서는 불같이 화를 내셨다. 그러면서 하시는 말씀이, "너희 주류 것들은 헝그리 정신이 없다. 음료 부문에서는 코

카콜라만 300박스씩 파는 대형 거래처를 사이다로 바꾸려고 지점장이 3개월간 직접 노력하더라. 해도 해도 안 되니까 나중에는 무릎을 꿇어서라도 바꾸더라. 이런 헝그리 정신이 필요한데 너희는 정신이 썩어빠졌다. 어떻게든 가서 소맥 아줌마 섭외해 와라"였다. 아무래도 회사가 매각된 입장이다 보니 알아서 눈칫밥을 먹던 우리인데, 아 다르고 어 다르다고 저리 말씀하시니 오기가 생겼다. 이번 섭외 건뿐 아니라 그동안 우리가 해왔던 모든 일들이 부정당한 느낌이었다. 아니, 우리가 뭘 또 그리 잘못했다고 이렇게까지 말씀하시는지……. 솔직히 오너가 아닌 이상 우리 모두 같은 직장인인데, 직장인끼리도 등급을 나누어 놓으니 이렇게 요동을 치는구나 싶어 마음이 상당히 불편했다. 본디 누군가를 혼낼 때는 잘못한 부분에 대해서만 혼내야지 비교하며 혼내는 것은 금기가 아니던가?

부정적인 피드백에 더욱 강한 투지가 불타올랐다. 본부장실을 나오자마자 팀장님께 포항으로 내려가서 소맥 아줌마를 기필코 섭외해 오겠노라 말했다. 팀장님께서는 포항까지 내려갔는데도 섭외를 못하면 우리가 더 우스워질 거라고 말씀하시며 만류했다. 나는 일주일이든 한 달이든 섭외가 될 때까지 안 올라올 테니 남자 후배 한 명만 같이 보내달라고 부탁했다. 그렇

3장 될놈될의 하루

114
115

게 우리는 경주 가는 KTX에 몸을 실었고, 이동하는 내내 아주머님을 어떻게 설득할지 고민했다. 우리와 함께하셨을 때의 장점을 어필하고, 구체적인 안건들을 제시하는 전략을 짰다. 포항에 도착하자마자 아주머니가 계신 가게로 향했는데 이미 손님들로 꽉 차 있었다. 명함을 드리며 인사드리자 아주머님께서는 이미 경쟁사와 계약이 되었으며, 지금 무척 바쁜 터라 얘기할 겨를이 없다 하셨다. 실제로도 많이 바빠 보이셔서 일단 후퇴했다. 긴 여정이 될 것 같아 근처 시장에서 식사를 하며 전략을 다시 짰다. 일단 상대방 입장에서 생각해 보았다. 한 번도 오지 않던 '처음처럼'에서 갑자기 찾아와 다짜고짜 얘기하자고 하면 나라도 달갑지 않을 것 같았다. 유명세로 인해 가게가 엄청 바빴기에 일단 가게일을 도우며 아주머님께 눈도장을 찍기로 했다.

식사를 마친 우리는 바로 식당으로 향했다. 그리고 아무 말도 하지 않고 식당일을 도왔다. 1, 2층으로 되어 있는 가게라 오르내리며 일하는 것이 번거로울 테니 아예 우리가 2층을 도맡아 치우고 정리했다. 치우고 세팅하는 와중에 점원분들께 싹싹하게 인사도 드렸다. 무엇을 도와드리면 좋을지 여쭤보며 눈치껏 열심히 도왔다. 그런데 한 가지 눈에 띄는 점이 있었다. 거의 다 여사님들이 일하고 계셨는데 그중 어린 여성분이 한 분 계시는 게 아니던가? 게다가 자세히 보니 소맥 아주머님과 판박이인 것이었다. '저분은 백프로 따님이시다!'라는 생각이 들었고, 그때부터 그분을 적극적으로 도왔다. 가게는 그야말로 문전성시였고 밤 12시 30분이 되어서야 영업이 끝났다.

새벽 1시 30분, 드디어 아주머님과 마주 앉을 수 있었다. 그마저도 열심히 가게 일을 도운 나를 지켜본 따님께서 얘기나 들어보자고 설득해 주셔서 가능했다. 우선, 경쟁사와의 계약을 구체적으로 여쭤보니 구두로만 계약했으며 계약서 작성은 아직이라고 하셨다. 구두계약이라는 말에 힘을 얻어 우리 회사에서도 아주머님을 섭외하고자 이렇게 내려왔다 말씀드리고, 우리와 계약했을 때의 장점과 구체적인 방안들을 제시했다. 아주머님께서는 딱 보기에도 의리를 중시하시는 분 같았는데 역시나 경쟁사 직원과의 신의를 지키고 싶어 하셨다. 하지만 이 정도에 물러설 생각이었으면 애초에 포항까지 오지도 않았다. 나는 끊임없이 아주머님을 설득했고, 아주머님께서도 조금씩 마음의 문을 열기 시작하셨다. 우리 쪽으로 마음이 많이 기우셨을 때 마지막 관문이었던 댁에 계신 아주머님의 남편분께도 전화로 상황을 설명드렸다. 하지만 남편분은 강하게 반대하셨다.

나는 다시 처음으로 돌아가 남편분도 설득하기 시작했다. 긴 시간이 흐르고 새벽이 깊어갈 즈음 아주머님은 드디어 우리와 함께하기로 결정을 내리셨다. 아주머님은 경쟁사 담당자에게도 전화를 걸어, 이번에는 새로운 데와 한번 해보고 싶다고 말씀하셨다. 그렇게 우리는 수첩에 간이 계약서를 작성해서 서로 사인을 하고 헤어졌다.

시간도 너무 늦은 데다 폭우까지 내려 하는 수 없이 근처에 숙소를 잡았다. 몸은 고됐지만 기쁘기도 하고 뿌듯하기도 한 마음에 잠이 잘 오지 않았다. 헌데 곰곰이 생각해 보니 경쟁사에도 우리와의 계약 사실이 상부로 보고됐을 것이고, 곤란해진 담당자들이 내일 포항으로 내려올 것 같다는 생각이 들었다. 구두계약만큼이나 간이 계약서 또한 법적 효력이 없었다. 경쟁사라고 다시 뺏지 말라는 법은 없지 않은가? 불안해진 나는 숙소 로비로 내려가 컴퓨터로 정식 광고 계약서를 아주머님 성함으로 작성하고 프린트했다. 그리고 동이 트자마자 식당 앞에서 아주머님을 기다렸고, 아주머님이 출근하시자마자 인사를 드리고 계약서를 내밀었다. 이미 마음의 결정을 내리신 터라 아주머님은 시원하게 계약서에 사인하셨고, 마침내 제대로 섭외를 마무리할 수 있었다. 아니나 다를까. 경쟁사 직원들이 급하게 서울에서 내려온 모양이었다. 끝까지 방심하지 않은 덕에 섭외 건을 무사히 성공시킬 수 있었다.

짧은 시간 동안 많은 일을 해야 해서 여러모로 피곤했지만 올라오는 길은 마냥 설렜다. 빨리 팀장님께 계약서를 보여드리고 싶었다. 섭외도 물론 기뻤지만, 나를 믿고 기다리는 사람들을 실망시키지 않았다는 점이 가장 기뻤다. (솔직히 우리를 얕잡아 봤던 본부장님께 본때를 보여줄 생각에 기쁜 것도 조금 있었다.) 물론 시도도 해보지 않고서 본부장님께 그저 안 된다고 한 것은 분명 우리의 잘못이었다. 하지만 아 다르고 어 다르다고, 비교하고 무시하는 발언을 하신 본부장님께서도 그다지 어른스럽지는 못하셨다. 여하튼…… 우리의 능력을 보여줄 수 있는 기회를 위해 악역도 자처하신(?) 본부장님께 감사드린다.

나비효과의 힘,
무엇이든 도전하자

동생 단비는 쌍둥이치고 우량아인 3킬로그램으로 태어났고 나는 2킬로그램으로 태어나 한동안 인큐베이터에 있었다. 그 덕(?)에 부모님 두 분 머릿속에 나는 '허약한 아이'로 인식되어 약간의 특별대우를 받았다. 동생 말에 의하면 본인이 어쩌다 이불에 지도를 그린 날에는 어김없이 키를 씌워 소금을 받아오게 했는데, 내가 그랬을 때는 약을 지어주셨다고 한다. 조부모님 손에 키워진 데다, 부모님께도 덜 혼나고 자라서인지 남의 눈치를 보거나 누군가를 겁내는 일이 별로 없었다.

그래서일까? 타인에게 피해만 가지 않는다면 해보고 싶은 것은 다 해보는 편이다. '해야 할까 싶을 때는 하고, 할까 말까 싶을 때는 하지 말라'는 명언이 있던데, 나는 해야 할까 싶은 일도, 할까 말까 싶은 일도, '하는' 사람이다. 오죽하면 내가 유일하게 했던 SNS인 싸이월드 미니홈피에는 나의 관종기 가득한 사진들로 도배가 되어 있었다. 공사장 고깔로 나팔을 불거나, 보드게임 카페에서 대머리 가발을 쓰고 엉덩이 바지를 입고 있는 사진 등등…… 부끄러움을 모르는 사진들로 말이다. 곧 싸이월드가 부활한다고 하던데 얼른 가서 비공개로 돌려야겠다.

어려서부터 하고 싶은 것은 꼭 해야 직성이 풀리던 내가 사회생활을 시작했다고 크게 바뀔 리 만무하다. 회사에 들어와서도 업무적으로든 업무 외적으로든 하고 싶은 것에는 꾸준히 도전해 왔다. 그리고 그 도전들은 후에 내가 예상치 못한 결과들을 낳곤 했다.

나는 주변사람들이 다 알 정도로 〈무한도전〉 '찐팬'이다. 하도 보고 또 봐서 〈무한도전〉 스틸컷만 보고도 어떤 특집이었는지, 이 장면 전후로 어떤 상황이 펼쳐지는지 알 수 있다. 입사 초 외근을 다닐 적에는, 박명수 〈두시의 데이트〉를 즐겨 듣고 문자로도 자주 참여했다. 한번은 청취자 전화 연결 코너에 운 좋게 연결된 적이 있었다. 명수 님께 육성으로 사랑한다 말하고, 「찰랑찰랑」 노래까지 불렀다. 얼마 전에 동생이 보내준 라디오 녹음 파일을 들어보니 〈유 퀴즈 온 더 블럭〉 때는 나이가 많이 들어서인지 엄청 순한 맛이고 얌전해진 거였다. 이렇게 통화를 하고 나니, 명수 님을 실제로 뵙고 싶은 마음이 더욱 간절해졌다. 그래서 당시 〈두시의 데이트〉 라디오 스튜디오에서 오픈 시그널 송을 부를 수 있는 이벤트가 있어서 끊임없이 도전했지만 번번이 떨어졌다. 그러던 와중에 명수 님이 라디오를 하차한다는 뉴스가 나왔고 마음이 급해진 나는 모든 인맥을 총동원해 방송에 나가보고자 노력했다. 겨우 줄이 닿아 하차 며칠 전에 라디오에 출연할 수 있었고 드디어 명수 님을 알현했다. 외모도 성격도 TV와 완벽하게 일치했다. 내가 인사하니 "이름이 뭐야? 꽃비? 이름도 예쁘고 얼굴도 예쁘네. 왜 왔어? 나보러 왔다고? 나 봐서 뭐하게?"라고 하시는데 너무 감격적이었다. 고대했던 만남인지라 명수 님이 좋아하시는 떡도 유명한 곳에서 맞추고, 와인이며 소주며 술도 바리바리 싸가지고 갔는데 센스 없이 식혜는 안 가져왔냐, 목 막혀 죽으라는 거냐며 호통을 치는 그마저도 너무 좋았다. 회사 홍보 차원으로 개사한 시그널 송을 무사히 부르고 명수 님과 사진도 찍고 행복하게 돌아온 하루였다.

그 후로, 예상치도 못했던 나비효과가 일어날 줄은 정말로 몰랐다. 얼마 후 그룹에서 처음으로 시도하는 '리버스 멘토링'에 내가 멘토로 선정되었다는 연락을 받은 것이었다. 기존의 멘토링은 신입 사원들의 회사 내 소프트랜딩*을 돕고자 선배 사원들이 신입 사원들의 멘토가 되어주는 것인데, '리버스 멘토링'은 임원이 멘티, 사원 혹은 대리급이 멘토가 되어 멘토들의 말랑말랑한 사고를 멘티인 임원에게 전달하는 것이었다. 어떻게 내가 멘토로 선정된 것인지 궁금해 인사 팀에 문의했더니 내 멘티가 될 임원께서 내가 출연한 박명수 라디오를 우연히 들으셨단다. 그리고 이런 새로운 방식으로 회사를 홍보하는 열정적이고 창의적인 직원을 멘토로 선정하면 좋을 것 같다 하셨단다. 그렇게 임원분과 나는 멘토, 멘티가 되어 6개월 동안 좋은 시간을 함께했다. 현재 그분께서는 계열사 대표님으로 계신데 술과 밀접한 계열사인지라 협업에 있어 큰 도움을 받을 수 있을 것으로 기대된다.

• 부드러운 안착이라는 말 그대로, 신입 사원들이 회사에 편하게 적응하는 것을 일컫는다.

나비효과는 또 있었다. 우리 회사는 직원들의 능력 개발을 위해 다양한 프로그램을 운영하고 있는데, 나는 '쿨랩'이라 불리는 주니어보드 프로그램에 참여한 적이 있다. 아직 머리가 말랑말랑한 사원, 대리급 직원들을 모아 회사가 직면한 문제들에 대한 해결 방안을 마련하는 일종의 팀플이었다. 업무는 업무대로, 쿨랩은 쿨랩대로 참여해야 해서 타이트한 일정이었지만 전문 강사의 교육도 받을 수 있었고, 다른 주종 업무도 경험해 볼 수 있는 좋은 기회라 참여했다.

프로젝트는 6개월 동안 진행되었고 어느새 최종 발표 날이 다가왔다. 선별된 직원들이 진행하는 주니어보드인 데다, 회사가 직면한 문제에 대한 해결 방안을 제시하는 자리인지라 마케팅 팀부터 영업전략 임원은 물론 본부장님까지 참석한 꽤 큰 자리였다. 그때 나는 발표를 맡았는데, 다행히 직원들과 함께 준비한 내용을 만족스럽게 발표할 수 있었다. 그러나 얼마 지나지 않아 내가 갑자기 본사 마케팅 팀으로 발령이 난 게 아닌가? 본사나 마케팅 팀으로 가고 싶다는 의사를 내비친 적조차 없었기에 놀라울 뿐이었다. 알고 보니 내 발표를 보신 본부장님이 나를 좋게 보셨고, 그래서 갑작스레 발령이 난 거였다. 직전 연도에 우리 파트가 전국 판매 1위를 했고 능력 있는 사수가 이직한 직후라, 당시 부문장님께서 미력하게나마 저항하셨지만 본부장님께서 단호하게 날 내놓으라 하셨단다. 정말이지 세상 일은 결과를 전혀 예측할 수 없는 나비효과의 연속이다.

뭐니 뭐니 해도 나비효과가 엄청났던 것은 〈유 퀴즈 온 더 블럭〉 출연인 것 같다. 어느 평범한 금요일, 점심을 먹고 왔더니 직원이 메모 하나를 전달했다. 거기에는 〈유 퀴즈 온 더 블럭〉 작가님 성함과 연락처가 적혀 있었다. 나랑 조금만 지내본 사람이면 내가 얼마나 〈무한도전〉과 유재석 님의 팬인지 잘 알기 때문에 당연히 누군가의 장난일 거라 생각했다. 이런 장난은 치는 게 아니라고 누차 말했지만 모두의 표정으로 미루어 보건대 장난처럼 보이지가 않았다. 그래서 바로 전화를 했더니 정말로 작가님이 맞았으며 현재 미생 특집을 준비한다고 팀장으로 나를 섭외하고 싶다 하셨다. 정말 많은 분들께서 그 프로그램에 어떻게 출연했냐고 궁금해하시는데 작가님께 당당히 섭외당한(?) 것입니다! 회사의 이런저런 노력으로 내가 출연한 줄 아시는 분들도 꽤 있던데 회사는 나를 띄워줄 생각이 전혀 없다. 오히려 너무 나대서 주의 및 경고를 받고 있는 상황이다. (그래서 이 책도 비밀리에 집필하고 있다.) 여하튼 작가님과의 인터뷰를 통해 출연에 적합한 사람인지 검증받은 후 바로 출연하게

되었다. 그동안 내 사랑 유느님 한번 꼭 뵙고자 온갖 인맥 동원
에도 실패한 만남이었는데, 유느님 쪽에서 먼저 손을 내밀어
주시다니 정말 영광이 아닐 수 없었다.

　사실 섭외 날짜로부터 나흘 뒤가 바로 촬영이었는데, 우리
술을 열심히 응원하느라 살이 포실포실 올라 있었다. 카메라
앞에 서기엔 창피한 몰골이었지만 이런 황금 같은 기회를 놓칠
수는 없었다. 일단 정신적 지주이자 얼굴이 똑같은 동생 님께
허락을 구하고, 사생활 노출을 극도로 꺼리시는 신랑분께도 허
락을 구했다. 당시 회사에 이슈가 있어서 출연 여부를 묻는 것
조차 곤란했지만, 유재석 씨를 정말 좋아해서 꼭 출연하고 싶
다 했더니 임원분도 포기하셨다는 듯 허락해 주셨다.

　드디어 촬영 날, 유재석 님을 꼭 활짝 웃게 하리라는 각오로
열정적으로 토크를 쏟아냈고 편집을 잘 해주셔서 예상치 못한
엄청난 호응을 얻었다. 사실 촬영 때도 언급했지만 (편집되었다)
그때 나는 거의 번아웃 상태였다. 가정과 직장 어디서도 나의
역할과 몫을 제대로 해내지 못하는 것 같아 힘들고 속상했고,
코로나19 사태로 인해 그 힘듦이 배가 되었던 때였다. 친구들
이 많이 오지 않는다며 어린이집을 안 가고 싶어 하는 아들을
어르고 달래서 등원시키고 출근한 날에는, 말 그대로 '현타'가

왔다. 이렇게 어렵게 출근했을 때는 기왕이면 내 시간과 업무가 더 가치 있도록 열심히, 적극적으로 일하고 싶은데 자꾸만 벽에 부딪혔다. 계속 새로운 시도를 하는 내게 칭찬보다는 질책과 꾸중이 날아오는 걸 지켜보던 파트장님들께서는 심지어 이렇게 말씀하셨다. "그냥 아무것도 시도하지 말고, 가만히 시키는 것만 하고, 윗사람이 술 마시자고 할 때 술이나 마셔주라고…… 왜 자꾸 혼자 이것저것 시도해서 욕은 욕대로 먹고 상처받느냐고……." 정신과 상담을 고민할 정도로 심적으로 많이 힘들고 지쳐 있을 때 마침 〈유 퀴즈 온 더 블럭〉에서 연락이 왔고, 유재석 님을 뵐 수 있었던 것이다.

재석 님을 실제로 뵙고 악수도 하고 사진도 찍었으니 그저 운수 대통했다며 마냥 기뻐했는데, 예상치 못하게 소위 대박이 났다는 소문이 들려왔다. 그저 평소대로 까불었는데 편집을 좋게 해주셔서 그런지 많은 분들께서 좋아해 주셨다는 것이다. 혹여나 상처되는 말이 있을까 싶어 그 어떤 댓글도 읽어보지 않았는데 주변 사람들이 재밌다는 반응과 응원의 댓글이 대부분이라고 알려줘서 정말 기쁘고 감사했다. 실제로 알아보시는 분들도 적잖이 만나서 응원의 말도 많이 들었다. 그런데 감사한 일에서 끝나지 않고 새로운 기회들이 생기기 시작했다. 방송 이후 몇몇 출판사에서 출간 제의부터 다수의 강의 요청, 방송 출연 요청, 스카우트 제의까지 정말 상상도 못했던 일들이 벌어졌다. 나 스스로는 달라진 게 하나도 없는데, 상황적으로 많은 것들이 달라졌다. 제안받은 모든 것들을 진행할 수는 없었지만 일단 무너졌던 자존감이 충만해졌다. '많은 분들께서 내 얘기에 이렇게 귀 기울여 주시고, 공감해 주시는구나. 내 능력과 잠재력을 이렇게 높게 평가해 주시는 분들이 계시는구나' 싶었다. 정말이지 너무나도 감사한 일들의 연속이었다.

힘들었던 마음이 다른 방향으로 물꼬를 틀 수 있었던 좋은 기회였다. 역시 무언가 새로운 도전의 기회가 왔을 때 망설이거나 물러서기보다는 강단 있게 도전하는 게 맞지 않나 싶다. 아마도 이 책이 출간될 때쯤에는 새로운 도전을 하고 있지 않을까 기대된다.

있는 힘껏
애정하자

사람 만나는 것을 좋아하는 편이라, 자연스레 술자리에도 많이 합류하고 여러 모임에 나가 다양한 사람들을 만나왔다. 이미 언급했듯이 타 대학교 고교동문회 개근은 두말할 것도 없고, 중학교 동창의 군대 동기들과도 친하고, 고등학교 친구의 대학교 동기들과도 잘 논다. 중국 어학연수 당시 맺었던 인연들도 15년째 잘 이어오고 있다. 신랑 또한 가장 친한 회사 동기의 불알친구였는데 술자리에서 가끔 보던 사이가 부부로 발전했다. 아빠의 친구분과도 골프를 치고, 심지어 팀장님의 아버님과도 라운딩을 갈 정도다.

　언젠가 친한 친구 결혼식 피로연 사회를 맡은 적이 있다. 피로연에서 처음 만난 신부의 친구와 친해져 피로연이 끝나고 둘이서 클럽만 세 군데를 돌았다. 클럽 세 군데를 돌고 잠시 체력을 보충하기 위해 들어갔던 국숫집에서 회사 후배를 우연히 만나 그 일행들과 또 클럽 투어를 다녔더랬다. 후배 친구들이 이런 경험은 처음이었다고 한 것을 나중에 전해 들었다. 낯가림이 너무 없는 게 문제일 정도로 사람들과 어울리는 것을 좋아한다. 이렇다 보니 결혼 전에는 술 약속이 일주일에 7개 있었다고 해도 과언이 아닐 정도로 많았다. 토요일 오후에 집에 있으면 엄마께서 무슨 일이 있는 줄 알고 걱정하실 정도였다. 하지만 나도 결혼을 하고 아이가 생기다 보니 당연히 가정이 우선시 되고 회사의 술자리만으로도 충분히 죄인이라 개인적인 술자리는 거의 만들지 않는다. 어렸을 때는 모임에 빠지는 것이 가장 싫었고, 얼굴을 못 보면 멀어질 것 같았는데 나이가 드니 자주 보지 않아도 오래갈 인연은 계속 되더라.

　특별히 어떤 목적이 있어서는 아니지만 나는 나만의 방식으로 인적 네트워크를 관리한다. 우선 경조사. 특히 조사에는 꼭 참석한다. 설사 싫어하는 사람일지라도 조사에는 참석해 위로의 마음을 전한다. 또 운전 중에 통화를 많이 하려 한다.(물론 블루투스로 통화하면서 교통법규는 지킨다.) 지금은 서울의 동남부만 담당하지만 얼마 전까지만 해도 수도권 동남부의 전체를 담당했기에 차 안에서 보내는 시간이 많았다. 혼자 운전하는 시간을 좋아해 이런저런 생각을 하다 보면 자연스레 누군가가 떠올랐고 그럼 전화를 걸었다. 다소 뜬금없는 연락에도 반가워하지 않는 사람이 없었다. 특별한 목적이 있어 전화한 것이 아니라 그저 보고 싶어 전화한 것이라 더욱 반가워했다. 전화를 한 이유는 앞에서 말했듯 무척 간단하다. 비록 서로 삶이 바빠 자주 만나지 못하더라도 내게 당신은 여전히 소중한 사람이고, 그렇기에 당신에게 관심이 있음을 표현하고 싶기 때문이다. 표현하지 않으면 가족도 모르는 게 사람 마음인데 하물며 자주 보지 못하는 사람이 어찌 나의 마음을 알겠는가?

세상이 참 좋아져 오늘이 누구 생일인지 메신저 어플을 통해 쉽게 알 수 있다. 덕분에 아침에 일어나면 생일자를 꼭 확인하고 축하 인사를 건넨다. 가까운 사이라면 카톡으로 선물도 보내고, 운전 중일 때는 전화를 걸어 상대방이 원하든 아니든 생일 축하 노래도 불러준다. 소중한 사람이라면 당연히 며칠 전부터 케이크도 맞추고, 선물도 준비한다. 사람에 대한 호불호가 강한 탓에 불호인 사람에게는 한없이 냉정하지만 한번 내 사람이다 싶으면 시간과 노력을 들여서라도 잘 챙기려 애쓴다. 신랑이 회식이나 송년회를 하면 미리 식사 장소에 가서 참석자 중 가장 높으신 분의 성함으로 라벨을 준비해 놓기도 했고, 신랑이 존경하고 따르는 분께서 임원으로 승진하셨을 때는 그분 성함으로 케이크를 만들어 보내기도 했다. 또한 사수, 친한 동기, 선배 모두 한 회사로 이직했는데 그 회사의 임원분과도 친분을 쌓게 되었다. 그분의 입사 25주년 기념행사가 있다는 말을 듣고 감사장으로 케이크를 만들어 보냈다. 동생의 시부모님과도 허물없이 지내는 터라, 부산으로 출장을 갔을 때도 동생 시아버님께 전화드려 따로 뵙고 올라온다. 날이 궂거나 부산에 큰일이 생기면 잊지 않고 전화도 드린다. 베프가 중국으로 먼저 어학연수를 갔을 때는 친구 아버님께서 적적하실까 싶어 어버이날, 아버님이 계신 은행으로 찾아가 넥타이 선물을 드리고 온 적도 있다. 친한 오빠가 외국에 있을 때도 혼자 계신 어머님이 혹여 쓸쓸하실까 명절이나 어버이날에 찾아뵙고 간식도 갖다드렸다.

　한번 맺은 인연을 소중히 생각해서 그런지 회사를 떠나신 분들에게 아직도 많은 연락을 받는다. 나와 달리 신랑은 내 사람의 바운더리가 '가족'으로 제한되어 있어서 이 사람 저 사람 챙기느라 바쁘고 분주한 나를 이해하지 못 하지만 내게는 모두 감사한 분들이다. 그분들과의 인연에서 경험하고 배운 것들이 지금의 나를 만든 양분이 되었다고 생각한다.

나는 몇 가지의 징크스가 있는데 그중 하나가 누군가를 생각하거나 떠올리면 얼마 지나지 않아 그 사람과 우연히 마주치거나, 그 사람에게 연락이 온다는 것이다. 그럼 반갑고 신기한 마음에 "마침 당신을 생각했고 전화하려던 참이다"라고 말하곤 한다. 하지만 언젠가부터 상대방에게 내 말이 과연 진실되게 들릴까 하는 의구심이 들었다. 그래서 이제는 누군가를 떠올리면 망설임 없이 전화한다. 나는 유독 우연찮은 만남과 그냥 걸려온 전화가 반갑다. 너무 힘들고 지친 날, 길에서 우연히 내 사람을 만나거나 사람들에게 연락이 오면 큰 힘이 되고 위로가 된다. 그래서 나 또한 당신을 생각하고 있고, 염려하고 있으며, 보고 싶어 한다는 이 마음을 솔직하게 전달하려 노력한다. 그런 연락이 내게 큰 힘이 되듯 상대방에게도 내 연락이 조금이나마 힘이 되길 바라며.

TO DO LIST 작성을
습관화하자

 여러분은 아침을 어떻게 시작하는가? 나의 아침
은 다소 정신없이 시작되는 편이다. 나만 출근
준비를 마친다고 되는 게 아니라 직장 어린이집
에 다니는 아이도 준비시켜야 하기 때문이다. 아이에게는 사과
한 쪽이라도 먹이지만 나는 물 한 모금도 못 마시고 출근하는
날들의 연속이다.

씻는 중에는 '오늘은 제발 아무 일도 안 일어나고 계획대로
지나가길!' 하고 아침마다 빈다. 회사 생활 10여 년 동안 오롯

이 계획대로만 흘러갔던 날들을 다 합치면 한 달도 채 되지 않을 것 같다. 매번 예상치 못했던 일이 터졌고 시간은 한정되어 있는데 할 일은 정말이지 매번 너무 많았다.

1월 25일 월요일 밤 9시 13분, 글을 쓰고 있는 지금 이 순간에도 해야 할 일이 산더미다. 사실 이 글은 지난주까지 출판사로 전달했어야 하는데 이미 데드라인을 넘겼다. 큰일이다. 하지만 우선 3일 앞으로 다가온 모교 강연 준비를 마무리해야 한다. 그런데 내일 시어머님께서 우리 집에 방문하실 예정이고 수요일에는 아이 피아노 선생님이 오시는데 집 정리를 하나도 못했다. 이를 어쩐담. 게다가! 내일은 우리 팀 이삿날이라 일찌감치 출근해서 이사를 잘 진행시켜야 한다. 그러고 보니 이번 주가 1월 마지막 주라 지점 마감 업무도 해야 한다. 이번 주는 순탄하기는커녕 폭풍 같은 한 주가 될 것이 분명하다. 늦은 시간이라 내적 비명을 지르고 있는데, 솔직히 다 내려놓고 맥주나 한 잔하면서 인터넷으로 웃긴 짤이나 보고 싶다. 주저리주저리 떠드는 동안 벌써 11분이나 지났다. 아이 목욕시킬 시간이다.

그러나 아무리 시간에 쫓기더라도 내가 꼭 하는 일이 있다. 출근해서 책상에 앉자마자 TO DO LIST를 작성하는 것. 아침에 씻을 때도, 아이를 등원시키고 출근하면서도, 오늘의 계획을 마음속으로 줄 세우며 출근한다. 기억력이 감퇴되었는지 5개의 계획을 세워도 어느새 2개쯤은 날아가 버리는 터라, 이런 문제가 없도록 하기 위해 차에도 메모지를 두었다. 요새는 차량 음성 녹음도 잘 활용한다. 하루하루 똑같은 일상의 반복처럼 보이지만 TO DO LIST를 확인해 보면 날마다 다른 일들이 펼쳐져 있더라.

TO DO LIST를 작성하는 이유와 팁을 여러분과 공유하고 싶다. 내가 TO DO LIST를 작성하는 이유는 여러가지지만 가장 큰 이유는 놓치고 지나가는 업무가 없게 하기 위함이다. 업무별로 중요도가 다를지언정 빠뜨려도 되는 업무는 없다. 이렇게 리스트로 만들지 않으면 덜 중요한 일일수록 빠뜨리는 경우가 적잖이 발생하고, 작은 일들을 놓치게 되면 업무를 꼼꼼하게 진행할 수 없다.

또한 작성한 TO DO LIST 뒤에 우선순위를 매긴다. 우선순위와 더불어 소요되는 시간, 장소에 따라 업무 순서를 정하고 동선을 정한다. 영업직이다 보니 길 위에서 보내는 시간을 최소화하기 위해서는 동선에 대한 고려도 필수다. 비교적 작은 일들은 출근하자마자 해결한다. 경험상 출근해서 2, 30분 정도까지는 여유가 있고 주로 그 뒤부터 업무가 몰아친다. 여러 업무가 몰리게 되면 덜 중요한 업무는 뒤로 밀릴 수 있기 때문에 가급적 출근하자마자 처리한다. 그러나 하루하루가 계획대로 흘러가지 않는 가장 큰 이유는 보통 타 부서의 요청 사항들 때문이다. 그런 요청 사항들은 항상 긴급이라는 미명하에 전달된다. 긴급하게 처리해야 할 일이 생기면 계획은 당연히 틀어진다. 그래서 우선순위를 적어놓는 것이 필요하다. 오늘의 TO DO LIST가 5개라면, 갑자기 생긴 업무로 이를 다 하지 못하더라도 중요한 2, 3가지만큼은 최대한 진행하자. 그래야 내일 또 다른 중요한 업무를 진행할 수 있다.

TO DO LIST를 일별뿐 아니라 주별, 월별로도 작성해 보자. 사실 분기별, 반기별, 연도별까지 세우는 게 최고다. 조금 더 큰 단위의 계획과 목표를 수립해 보면 그것을 달성하기 위해 세분화되는 일들이 굉장히 많다는 걸 알 수 있다. 매년 11월경 회사가 사업계획을 수립하는 것은 비록 계획대로 되지 않을지언정, 올바른 방향과 전략을 수립해서 나아가고자 함이다.

우리 개인의 업무도 마찬가지다. 지금 매일 하고 있는 업무 말고, 내년에 달성하고자 하는 목표를 구체적으로 설정한다면 그에 따른 일들 또한 구체화될 것이다. 그 목표와 계획들을 우선순위에 따라, 소요되는 시간에 따라, 필요한 지원과 노력에 따라 구분해 보자. 그리고 그것을 올해 다이어리 맨 앞장에 붙여놓자. 솔직히 우리가 매일매일, 하루 종일, 정신도 못 차릴 정도로 바쁜 건 아니지 않은가? 잠깐 여유가 생겼을 때 내가 세워놓은 연간 TO DO LIST를 들여다보자. 시기적으로나, 상황적으로 시작하기에 적합한 업무가 있을 수 있다. 그럼 시간과 노력을 조금 들여서라도 시작해 보기를 권한다. 나비효과로 예상보다 훨씬 좋은 결과가 생길 수도 있다. 설사 원하는 만큼의 결과를 얻지 못했다 하더라도 다음 시도 때 보완할 점을 배울 수 있다. 그것도 아니라면 최소한 그 일을 진행하기 위해 업무 협조가 필요한 유관 부서 정도는 파악될 것이다.

실제 이 같은 방법으로 앞서 말한 교대에 있는 르곱창 가게와 거래하게 되면서 좋은 결과를 얻었다. TO DO LIST를 작성하지 않았다면, 아무리 열정과 노력이 가득하더라도 내가 목표하는 방향으로 달려나갈 수 없었음을 기억하자.

3장 될놈될의 하루

1. 회사의 성장은 곧 내 커리어다

회사와 당신을 지나치게 분리해서 생각하지 말고 주주라는 마음으로 의욕적으로 임해보자. 당신을 위해!

2. 할까 말까 고민되면 무조건 한다

할까 말까 고민될 때는 하자! 원하는 결과를 얻지 못하더라도 해보고 후회하는 것이 낫다.

3. 해보지 않았을 뿐 못할 일은 없다

스스로를 한정 지으면 무엇도 해낼 수 없다. 한 번에 이뤄질 수 없을지라도, 당신이 못해낼 일은 없다.

4. 잽보다는 카운터펀치를 날리자

사람들은 여러 번의 잽 보다는 한 번의 훅을 더 잘 기억한다. 실패한다 해도 당신을 각인시키기에는 더할 나위 없이 좋은 기회다.

5. 나비효과의 힘, 무엇이든 도전하자!

아무것도 하지 않으면 당신이 바라는 일들은 일어나지 않는다. 주저하지 말고, 무엇이든 시도하자!

6. 있는 힘껏 애정하자

당신의 연락 한 통이 상대방에게는 큰 위로와 응원이 될 수 있다. 작고도 큰 힘을 믿어보자.

7. TO DO LIST 작성을 습관화하자

해야 할 일들이 당최 줄지 않는다면 TO DO LIST를 작성하라! 생산적인 한 달, 일 년이 가능해질 것이다.

4장

**될놈될의
마인드**

때론 가치관을 희생해야 하는 순간도 있다

일을 하면서 한 번쯤은 1등을 해보자

법인 차에 타는 순간 우리는 회사의 대표다

정보는 고위 관리자만의 전유물이 아니다

이제는 셀프 홍보 시대

회사에서는 사소한 거짓말도 하지 말자

원수 같은 사람이라도 조사에는 참석한다

때론 가치관을
희생해야 하는 순간도 있다

 〈유 퀴즈 온 더 블럭〉에 출연하고 내 이름이 녹
색창 실시간 검색어 1위까지 올라간 이변이 발
생했다. 출연진 정보를 정리한 포스팅에도 내가
올라왔다는데 다른 사람들에 비해 별다른 정보가 없다고 지인
이 알려주었다. 그도 그럴 것이 나는 사생활 노출을 꺼리는 편
이라 SNS를 전혀 하지 않는다. 가입만 되어 있는 페이스북이나
인스타그램도 마케팅 팀에 있을 때 업무를 위해 가입했을 뿐
내 계정으로 만든 채널은 전혀 없다. 편리한 소통을 위해 카카

오톡은 하지만 카카오스토리도 이용해 본 적이 없다. 이런 내게 '일상 브이로그'를 찍어 회사 공식 유튜브에 올려보자는 제의가 들어왔다면 믿어지겠는가?

19년 6월 말쯤 그룹에 안 좋은 이슈가 있었다. 굉장히 민감한 이슈였고, 아니라고 해명해도 신뢰를 얻기보다는 역풍을 맞을 가능성이 높아 이러지도 저러지도 못하고 속만 끓이던 시기였다. 그러던 차에 본부장님께서 타사의 브이로그를 보시곤, 우리도 브이로그를 찍어 동정표를 얻자는 아이디어를 내셨다. 그리고 콕 집어 '유꽃비로 했으면 좋겠다'고도 하셨단다. 애가 아파도 병원에 데려가지를 못하고 시간에 쫓겨 발을 동동거리는 워킹맘의 모습을 찍으면 좋을 것 같다고도 덧붙이셨단다. 하지만 나는 단호히 거절했다.

첫 번째로, 불특정 다수에게 지극히 개인적인 일상을 보여주고 싶지 않았고, 두 번째로 본부장님이 말씀하신 신파 콘셉트는 절대 하고 싶지 않았다. 엄마로서 여러모로 부족한 점이 많아 아이에게 미안한 마음은 항상 있지만, 내 일에 자부심을 가지고 있고 아이에게도 매일 아침 엄마는 중요한 일을 하러 출근하는 거라고 얘기해 왔는데 갑자기 무슨 신파란 말인가! 절대적 권위자의 의견임에도 불구하고 지속적으로 거절하자 권위자와 나 사이에 있는 다수의 사람들이 곤란해졌다. 거절 의사를 전달했음에도 불구하고, 무려 5번에 걸쳐 본부장님이 '유꽃비 신파 브이로그'를 주장하셨기 때문이다. 개인의 삶이나 가치관에 대한 배려가 전혀 없는 지극히 폭력적인 결정이라는 생각이 들었다. 자고로 나는 핍박을 받으면 더욱 강해지는 민초의 성격이 강한지라 이 외압에 굴복할 생각이 전혀 없었다.

하지만 회사가 지속적으로 안 좋아졌고 회복이나 반전의 기미가 전혀 보이지 않았던 상황이라 이 부분이 신경쓰이기는 나도 매한가지였다. 매일 급격하게 감소하는 '처음처럼' 시장점유율을 현장에서 확인하는 내 마음 또한 한없이 쓰라렸다. 무엇보다 '처음처럼'이 정말 좋아서 열심히 일했는데, 그런 '처음처럼'이 이렇게 맥없이 무너지는 모습을 보니 속상하고 슬펐다. 고심 끝에 회사 측에 브이로그 촬영을 수락하겠다는 의사를 전달했다. 신파극은 끝내 내키지 않는다는 말과 함께. 가치관도 물론 중요했지만 직장인으로서 작게나마 회사의 위기를 반전시킬 수 있는 힘이라도 보탤 수 있다면 나의 가치관은 잠시 희생해도 되겠다는 생각이 들었다. 그리고 기왕 하기로 한 거, 제대로 해내고 싶었다.

대행사 측에 촬영 도구를 조금 일찍 전달해 줄 것을 요청했다. 혼자 미리 찍어보면서 자연스럽게 연습도 하고, 최대한 다양한 모습을 찍어 편집 시 활용할 수 있는 소스를 많이 마련해 주고 싶었다. 다만 내가 요청했던 부분은 2가지였다. 첫 번째, 신파극으로 가지 말 것. 두 번째, 직장인 브이로그인 만큼 메인 타깃인 직장인들이 많이 공감할 수 있도록 나의 모습을 가감 없이 내보내 줄 것. 완벽한 촬영을 위해서 촬영 4일 전부터 아들과 매일 똑같은 옷을 입으면서 예비 촬영을 진행했다. 상사 전화에 마구 욕하다가 막상 받을 때는 세상 상냥하게 받는 모습, 점심 메뉴 고민에 진심인 모습 등 많은 직장인들이 공감할 만한 콘텐츠를 촬영했는데 전부 편집되었다. 반면, 의사결정자들의 의사를 반영해서 아이가 나오는 장면에 슬픈 BGM을 깐 게 아닌가? 어차피 을의 팔자인데 이런들 어떠하고 저런들 어떠하리. 조금 황당했지만, 당시에는 대중의 선호도만 끌어올릴 수 있으면 일단 그것만으로도 좋겠다는 생각이었다.

그러나 문제는 항상 예상치 못한 부분에서 발생한다. 촬영 당시 현장에서 평소 친한 경쟁사 담당자와 우연히 마주쳤고 반갑게 인사한 장면이 브이로그에 담겼다. 그때는 경쟁사 신제품이 그야말로 날개를 달았을 때라 축하 인사를 건넸고 담당자는 쑥스러운 듯 "아니에요. 죽겠어요"라고 대답했다. 해당 장면은 경쟁 관계라고 해서 꼭 사이가 안 좋지만은 않다는 것을 보여 주자는 취지로 넣었는데 문제는 경쟁사분들이 유튜브에 업로 드된 브이로그를 보면서 발생했다. 해당 장면을 사용하겠다고 경쟁사분께 사전에 말씀드렸고 서로 문제될 게 없다고 생각했 는데 그게 아니었다. 그쪽에선 해당 담당자에게 왜 경쟁사 홍 보 영상에 출연했는지 이슈를 제기했고, 법무 팀을 통해 우리 회사에 대응하겠다는 의사를 전달해 왔다. 풍문에 의하면 경쟁 사 윗분들이 "아니에요. 죽겠어요"라는 멘트를 보시고 우리 회 사가 죽겠다고 표현할 정도로 힘드냐고 심히 불쾌해하셨다고 한다.

사생활을 노출하고 싶지 않다는 가치관은 회사를 위해 잠시 희생했지만, 타인에게 피해를 주지 않겠다는 신념까지 희생한 것은 아니었다. 나는 회사 측에 당장 해당 영상 삭제와 재편집 을 요청했다. 이미 유튜브 채널 내 광고노출을 통해 4만 뷰 이 상의 조회 수가 달성된 상태라 해당 영상을 삭제하고 재편집할 경우 목표 조회 수를 달성하기가 어려울 터였다. 그러나 좋은 취지라 할지라도 우리의 목적을 위해 애꿎은 사람을 희생시킬 수 없는 노릇 아닌가? 결국 처음 업로드한 영상은 삭제되었고, 경쟁사 담당자가 나왔던 부분을 자른 영상으로 다시 업로드되었다. 웃음 코드들이 전부 편집되어서 그런지 우여곡절 끝에 세상으로 나온 브이로그는 당시 별다른 효과를 보지 못했다. 그나마 나온 조회 수 또한 우리 회사와 경쟁사분들이 올린 것 같다는 우스갯소리가 나올 정도였다.

꼭 1년이 지난 후 〈유 퀴즈 온 더 블럭〉 출연으로 이슈가 되자 내 브이로그도 덩달아 관심을 받았다. 업로드 당시 돈 들여 광고를 했는데도 23만 뷰에 그쳤는데 방송 출연 후에는 88만 회까지 조회 수가 올랐다. 혹시나 상처되는 말이 있을까 싶어 댓글을 하나도 확인하지 않았는데, 지인들 말에 의하면 응원의 말이 대부분이며, 나 때문에 '처음처럼'으로 갈아탔다는 댓글도 꽤 있다고 했다. 여러 우여곡절이 있었지만 뒤늦게라도 브이로그가 회사에 도움이 되었다고 하니 더할 나위 없이 기뻤다. 이때 깨달았다. 중심을 지키고 사는 것도 중요하지만 내가 누군가에게 도움이 될 수 있다면 한 번쯤은, 가치관을 희생해도 좋다는 것을 말이다.

일을 하면서
한 번쯤은 1등을 해보자

 빌런 때문에 힘들어하는 직장인들이 무척 많다.
내 주변에도 소위 '또라이 질량 보존의 법칙'에
맞게 재활용도 안 되는 사람들이 있긴 하다. 하
지만 이에 대등할 만큼 좋은 분들도 많은 게 사실이다.

입사 초기 시절 관리자가 역대급 빌런이었으나 다행히 사수
가 능력자였다. 업계에서 인정받던 사수는 회사에서 스카우트
해 온 분이었다. 사수는 와인을 진심으로 사랑했고 개인 휴가
도 호텔 소믈리에들과 와이너리 투어를 계획해서 갈 정도였다.

열심히 노력해서 쌓아온 호텔업계 인맥을 내게 아낌없이 소개시켜 주기도 했고, 본인의 노하우와 지식을 최대한으로 전수해 주기 위해 노력하던 정말 좋은 사수였다. 시간이 지나 내가 누군가에게 업무를 가르쳐야 할 입장이 되고 보니, 이것이 얼마나 많은 노력을 필요로 하고 번거로운 일인지 알 수 있었다. 하물며 와인을 전혀 모르는 날 가르치고 훈련시켰어야 하는 사수는 얼마나 답답하고 힘들었을까? 참으로 고마운 사람이 아닐 수 없다.

얼마 지나지 않아 조직이 변경되면서 관리자도 바뀌게 되었다. 바뀐 분은 입사 초기의 빌런과는 비교할 수 없을 정도로 훌륭하셨다. 젠틀하고, 자상하고, 무엇보다 책임감이 강하셨다. 이전 관리자와 여러모로 극과극이어서 상대적으로 후광효과를 받은 거라고 생각했지만, 시간이 지날수록 더욱 좋은 분임을 알게 되었다. 당시 파트장님, 사수, 나 이렇게 셋이 근무를 했는데 서로 합도 잘 맞았다. 파트장님이 우리를 믿고 적극적으로 밀어주시니 우리도 그 마음에 보답하고 싶었다. 서로 짠 것도 아닌데 사수와 나는 자발적으로 토요일에 나와 일을 할 정도였다.

둘이서 수도권 내 특1급 호텔 전체와 특2급 호텔 몇 군데를 관할하고 있었기 때문에 업무량이 굉장히 많았다. 제안서부터 품의서까지 제때에 마무리하려면 업무 시간 내에는 불가능했다. 그래서 우리는 누가 먼저랄 것 없이 토요일 아침에도 출근했다. 아마도 파트장님은 아직도 우리가 매주 토요일에 나와서 근무했다는 사실을 모르실 것 같다. 이렇게 열심히 하니 성과가 나오기 시작했다. 그해 우리는 목표 대비 156퍼센트의 매출을 달성해 전국 1위를 달성했다.

그러나 재미있게도 올해 잘했으면 다음 해에는 더 많은 목표를 부여하는 게 회사다. 통상적으로 일 못하는 사람은 계속 일이 줄고 잘하는 사람에게는 계속 일이 몰린다. 현실이 이렇다 보니, 더 잘할 수 있어도 후일을 위해 매출이나 업무량을 조절하는 경우도 왕왕 있다. 우리가 계속해서 목표를 초과 달성하자 주변 사람들은 내년을 생각해서 적당히 조절하라고 조언했다. 하지만 그럴수록 우리는 더욱 열심히 달렸다. 그 결과 우리 파트뿐만 아니라 와인사업부 전체적으로도 좋은 성과를 얻을 수 있었다. 당시의 회사 규정에 따라 비록 전국 꼴지와 같은 성과급을 받았지만 기분은 정말 좋았다.

역시 세상은 1등만 기억하는 것이 맞나 보다. 우리 파트가 1등을 하니 회사에서 우리를 대하는 태도가 크게 달라졌다. 브랜드매니저들은 먼저 다가와 올해 우리 파트 계획과 필요한 제품들에 대해 물었다. 또한 추가적인 지원을 자처하기도 했다. 브랜드파워가 있는 좋은 와인들도 우선 사용권을 부여해 주었다. 호텔에서 판매되는 것이 그 제품의 네임 밸류를 높일 수 있는 데다, 연회장 와인으로 선정될 경우 다량의 연간 판매량을 보장받을 수 있으니 브랜드매니저들에게도 우리 파트가 매력적인 채널이었을 것이다. 전국 1위에 걸맞은 새로운 목표를 달성하기 위해서는 추가 예산과 인원이 필요했는데 이 또한 예전과 달리 쉽게 얻을 수 있었다. 무엇보다 우리의 목소리에 힘이 실렸다. 우리가 계획하는 제안서와 행사에 보다 많은 사람들이 관심을 가졌고 사람들의 협조나 품의서 결재를 득하는 일이 전보다 훨씬 수월해졌다. 시간적 낭비가 확연히 줄었고 같은 시간이라도 더 많은 업무를 진행할 수 있게 되어 또다시 높은 성과로 이어졌다.

그래서 우리는 과연 전국 1위한 다음 해에 어마어마하게 잡힌 목표를 달성했을까? 그다음 해에 사수는 경쟁사로 스카우트되어 이직했고 다행히 나도 마케팅 팀으로, 파트장님 또한 다른 곳으로 발령이 났다. 가장 완벽한 결말이다.

마음먹는 것만으로 1등을 할 수 있다면 누가 안 하려고 하겠는가? 내가 하고 싶은 얘기는 한 번쯤은 앞뒤 재지 말고 정말 진력을 다해보자는 것이다. 월급 받는 만큼만 일하겠다고 하면 나는 늦어도 오후 3시쯤엔 퇴근해야 할 것 같다. 다른 사람은 열심히 안 하는데 나만 열심히 하는 것이 억울한가? 나보다 무능한 사람이 먼저 승진해서 억울한가? 사람인지라 이런저런 것들이 신경 쓰이고 속상한 것은 당연하다. 하지만 그런 사람들은 그냥 술자리 안주거리 정도로만 생각하자. 그런 사람들한테 괜한 영향을 받아 덩달아 최선을 다하지 않으면 후배들이 나를 볼 때 내가 그들을 봤던 시선으로 볼 수도 있다는 점을 명심하자.

퇴근할 때 오늘 내가 업무에 집중하고 최선을 다했는지, 아니면 정해진 근무시간만 채우기 위해 일하는 척을 했는지 가슴에 손을 얹고 고민해 보자. 할 수 있는 최선을 다했는데도 좋은 결과가 나오지 않거나, 좋은 결과가 나왔는데 인정받지 못한다면 다른 길을 찾아야 할 수도 있다. 그러나 다른 길을 찾을 때도, 그간의 회사 생활은 그림자처럼 당신을 따라다닐 것이다. 우리 사수가 이직할 때 전국 1위 했다는 걸 말했을까? 안 했을까?

법인 차에 타는 순간
우리는 회사의 대표다

팀장이 된 지 3개월 정도 됐을 때 본사에서 전화가 왔다. 회사 게시판에 한 소비자가 클레임을 제기했는데 우리 팀 사원에 대한 얘기라는 것이었다. 들어보니, 출근길에 차선 문제로 시비가 붙었는데 우리 팀원이 욕을 한 모양이었다. 본사에서 소비자에게 전화했으나 소비자는 대표이사가 직접 방문해서 사과하지 않으면 해당 사실을 언론에 유포하겠다고 했단다. 해당 팀원이 평소 차분하고 성실한 편이었기에 욕을 했다는 사실이 믿기지 않았다. 팀원의 입장을 백번 이해하더라도 실제로 그가 욕을 했다면 어떠한 경우에도 양해받기 힘들었다. 법인 차는 회사의 대표 브랜드들로 래핑되어 있어 문제가 생기면 운전자 개인의 잘못이 아니라 회사의 잘못으로 사람들에게 인식되기 때문이다.

일단 블랙박스 영상을 살펴보았다. 4차선에 있던 소비자가 좌회전 차선으로 무리하게 차선 변경을 시도하다가 팀원의 차와 부딪힐 뻔 했고 이에 화가 난 팀원이 양보하지 않자 소비자가 먼저 욕을 한 상황이었다. 결국 팀원도 같이 욕을 했고 둘은 한동안 실랑이를 하다 헤어졌다. 팀원은 상대방이 차선 변경도 무리하게 했고, 욕도 먼저 해서 클레임을 제기할 줄은 꿈에도 몰랐다고 했다. 원래 똥 묻은 개가 겨 묻은 개 못 보는 법이다. 질책이고 나발이고 상황부터 먼저 수습해야 했다. 이런 사람들에게 절대 해서는 안 되는 말이 '당신도 잘못했다'는 말이다. 이런 사람들의 특징은 잘못을 인정하면 그날로 바로 이승과 작별하는 줄 안다. 이 사람에게 본인의 잘못 유무는 상관없는 일이었다. 법인 차를 탄 일개 직원이 감히 자신에게 욕을 했다는 바로 그 사실이 가장 중요했던 것이다.

나는 그 소비자에게 전화해서 내가 책임자며 직원의 잘못에 책임을 통감한다고 사과를 드렸다. 그가 말하길, 본인은 50살이 넘었으며 300명 이상의 직원을 거느리는 회사의 대표인데, 살면서 이런 모욕적인 일은 처음이라고 길길이 날뛰며 열변을 토했다. 이럴 때는 상대방이 제풀에 지쳐 그만둘 때까지 적당한 추임새만 넣어주다가 다시 사과드리면 된다. 그러나 그는 지속적인 나의 사과에 오히려 기운이 났는지, 연신 대표이사가 와서 사과하지 않으면 가만두지 않겠다고 으름장을 놓았다. 솔직히 "그쪽이 문제를 이만큼이나 키워 이슈가 된 게 아니냐, 어디 한번 잘잘못을 면밀히 따져보자"고 말하고 싶었지만 꾹 참았다. 난 지금 그냥 유꽃비가 아니라 한 회사의 팀장이므로 기분대로 행동해선 결코 안 된다는 것을 곱씹고 또 곱씹었다. 할 수 없이 계속 화가 나 있는 고객에게 "그럼 높은 분을 모시고 고객님을 직접 찾아뵌 다음 정식으로 다시 사과드리겠으니 회사명과 주소를 알려주시겠습니까?"라고 했다. 그런데 그가 머뭇거렸다. 신상이 노출되면 본인한테 득 될 것이 없다는 계산이 섰나 보다. 집요하게 회사명과 주소를 물었더니 어이없게도 유선상의 사과로 일단락되었다.

이 건을 계기로 팀원들에게 한 차례 잔소리 타임을 가졌다. 해당 팀원이 잘못한 것은 2가지다. 첫째, 법인 차에 타는 순간 우리는 개인이 아니고 회사의 대표라는 생각을 가져야 하는데 그러지 못했다. 개인 차를 운행할 때는 차선을 위반하든 다른 운전자와 실랑이를 벌이든 말든 개인의 자유지만, 법인 차에 타는 순간 세상에서 가장 착한 운전자가 되어야 한다. 교통 법규를 준수해야 하는 건 당연하고, 차선 변경 시엔 경고등으로 감사함을 표현하자. 다른 차가 끼어들려고 할 때는 최대한 양보하자. 화가 나는 상황에서도 이성적으로 대응해야지, 감정적으로 대응하면 본인 스스로를 곤란한 상황에 빠뜨리는 것밖에 안 된다.

예전에도 법인 차에 탄 채로 다른 운전자와 큰 다툼이 생긴 직원이 있었다. 상대방이 "내가 그동안 마신 '처음처럼'이 몇 병인데 감히 이러느냐?"고 했더니 흥분한 직원이 "당신 같은 사람은 '처음처럼' 안 마셔도 된다"고 응수했단다. 그 소비자는 회사도 아니고 그룹 게시판에 '세상 어느 회사 영업 사원이 소비자에게 안 마셔도 된다고 소리치느냐'고 클레임을 걸었고 일이 커져서 해당 직원은 경고를 받았다. 전후 사정은 중요하지 않다. 법인 차에 탄 순간 그 이후에 벌어지는 모든 문제는 개인의 문제를 넘어선다는 게 중요하다. 사람들은 타인의 선행에는 다소 무심하지만, 실수나 잘못에는 혹독하다. 나의 사소한 잘못이 언제든 회사와 브랜드 이미지 손상으로 이어질 수 있다는 생각으로 운전대에 앉아야 한다.

둘째, 부정적 이슈에 대해 즉각적인 보고가 누락되었다. 클레임이 발생하지 않았더라도, 출근 중에 발생한 실랑이에 대해 직원은 내게 보고했어야 했다. 보고가 누락되었기 때문에 클레임이 발생했을 때 내용을 전혀 알지 못했던 나는 본사의 전화에 적절하게 대응하지 못했고, 결과적으로 보다 신속한 처리가 어려웠다. 문제가 되지 않을 것이라는 자의적 판단에 의해 보고를 누락하는 것은 지양해야 할 태도다.

보통 업무 관련 경조사나 사내 동호회 활동, 원거리 근무자의 연고지 방문 등 타당한 사유에 대해서는 주말에도 법인 차 사용이 허락된다. 하지만 나조차도 주말에 도로에서 법인 차를 보게 되면 번호판에 눈길이 간다. 승인받지 않은 법인 차를 운행하는 경우도 왕왕 있기 때문이다. 주말에 운행 중인 법인 차 사진을 찍어서 혹시 우리 팀 차 아니냐고 물어보는 사람들도 종종 있다. 생각보다 많은 눈들이 우리를 지켜보고 있고, 우리는 이 사실을 항상 명심해야 한다. 이것은 비단 법인 차에 앉았을 때만의 문제는 아니다.

내가 굉장히 좋아하는 룸살롱 대표님이 있다. 사람들의 편견과 달리 굉장히 예의 바르신 데다 박학다식하셔서 배울 점도 많은 분이다. 큰 업소를 운영하시니 주류 판매량도 그만큼 많은데 글로벌 대기업인 한 회사의 주류는 절대 취급하지 않으셨다. 이유를 여쭤보니 예전에 그 회사의 영업 사원이 건방진 태도로 행동했기 때문에, 본인은 이 업계 생활을 끝내는 날까지 절대로 그 회사 제품은 취급하지 않겠다고 다짐하셨단다. 그 영업 사원은 본인이 회사에 얼마나 막대한 손해를 끼쳤는지 알고나 있을까? 본인의 잘못 때문에 회사 이미지가 실추되었을 뿐 아니라 꽤 많은 매출도 영원히 놓치게 된 것이다. 위스키 채널분들은 다른 주류 채널보다 더 긴밀하게 협조하기 때문에 그 사람은 아마도 더 큰 것을 잃었을 거라 판단된다.

바야흐로, 부캐의 전성시대고 멀티 페르소나의 시대다. 일상 속 당신의 페르소나에 대해서는 회사가 간섭할 수 없고 해서도 안 된다. 하지만 적어도 직장에서 그리고 업무적으로 연결된 사람들을 대할 때 당신의 페르소나는 바르고 친절한 사람이어야 할 것이다.

정보는 고위 관리자만의
전유물이 아니다

 팀장이 되어보니 이 자리는 새로 부여받은 권한
만큼이나 참 외로운 자리라는 것을 여실히 깨달
을 수 있었다. 의사 결정권이나 인사권을 쥐고
있으니, 팀원들이 우리를 마냥 편하게 대하지 못하는 심정을
이해하면서도 허물어지지 않는 벽에 종종 서운할 때도 있다.
팀장이 이 정도인데 임원분들은 오죽할까 싶다. 지금 생각해
보면 팀장님과 임원분들이 시답잖은 농담을 던졌던 것도 나름
친해지기 위한 노력의 일환이었던 것 같다. 지금 내가 그러고

있으니 아주 잘 알겠더라…….

회사 생활을 하며 많은 임원분들을 모셔봤지만 가장 인상 깊은 분은 E상무님이다. 흔히 '임원'하면 떠오르는 고압적인 느낌이나 딱딱함이 전혀 없는 분이셨다. 이분을 모시면서부터 임원실 문을 먼저 두드리는 것이 조금 더 편해졌다. 무엇보다 배울점이 많고 본받을 만한 어른이었다. 사회생활을 하면서 본받고 싶다는 생각이 드는 진짜 '어른'을 만나는 것이 얼마나 어려운일인지 여러분도 아마 아실 거다. 그런데 그분이 바로 그런 분이셨다.

특히 E상무님을 존경하는 이유 중 하나는 본인이 알고 있는 정보를 최대한 자세하고 신속하게 실무자들에게 전달해 주신다는 점이었다. 직장인들은 공감하겠지만, 회사야말로 정보가 곧 힘인 곳이다. 예를 들어, 제품 선호도 증대를 위해 큰 행사를 계획하고 있다고 가정해 보자. 이를 위해 예산 증액이 필요한 상황인데, 올해 회사의 1순위 목표가 손익 개선이라면? 이런 상황에선 큰 비용이 소요되는, 게다가 예산 증액까지 필요한 큰 행사를 진행하기란 어려울 것이다. 아니 어려운 게 문제가 아니라, 보고 자체만으로도 회사 돌아가는 상황을 모르겠냐며 도리어 혼날 확률이 100퍼센트, 1,000퍼센트다. 아이디어 자체도 중요하지만 회사 상황에 맞는 대안을 마련하는 것이 실은 더욱 중요하다. 그런데 중요한 정보들은 보통 윗분들끼리만 알고 있다. 우리 같은 실무자들까지는 세부적으로 전달되지 않는다. 정말 재밌게도 당사 직원인 우리보다 경쟁사에서 오히려 중요한 정보를 먼저 알고 되려 우리에게 알려주는 경우도 있다. 정말 우당탕탕 회사 생활이다.

그런데 E상무님은 다르셨다. 임원 회의에서 어떤 일이 있었는지, 회사에서 지금 어떤 부분에 중점을 두고 전략을 수립하고 있는지, 어떤 문제가 있는지, 항상 정확하고 자세하게 전달해 주셨다. 어차피 회사 업무라는 게 다 유기적으로 연관되어 있기 때문에 다른 부문에서 발생한 문제들을 실무자들이 알 수 있다면, 보다 신속하게 대응 방안을 수립할 수 있다. 잘못된 방향과 전략을 수립할 위험이 줄어, 소위 헛발질할 가능성이 현저히 낮아지는 것이다. 또한 제대로 된 전략과 방안을 수립하게 되면, 그러니까 우리가 '홈런을 치면' 상무님께도 플러스가 될 터이니 서로 원원할 수 있는 전략이었다. 그러나 다른 부서에서는 이런 정보 전달이 쉽게 이뤄지지 않는 모양이었다.

그래서 팀장이 된 지금 내가 아는 정보를 최대한 신속하고, 디테일하게, 팀원들에게 직접 공유하고자 한다. 회사라는 곳이

워낙 카더라 통신이 많고 어린 직원들일수록 그런 카더라 통신에 동요하는 경우가 많기 때문이다. 부정적인 내용이든 긍정적인 내용이든 있는 그대로 공유한다. 그 결과 팀장 3년차인 지금, 팀원들 사이에서는 회사에서 어떤 일이 발생하더라도 팀장이 본인들에게 가장 먼저 정확하게 공유할 거라는 신뢰가 쌓인 듯하다. 정말 다행이다.

또 하나, E상무님은 임원임에도 불구하고 우리와 편하게 지내고자 여러 방면으로 애쓰셨다. 점심 식사를 하고 나면 사원이나 대리급인 우리에게 아이스크림이나 도넛을 자주 사주시면서 소소한 얘기를 나누려 노력하셨다. 생각해 보면 상무님께서는 우리들을 결과물을 만들어내야만 하는 회사 구성원이 아니라 인생 후배로 생각하셨던 것 같다. 그래서 상무님은 업무 보고를 받더라도 단순 피드백보다는 문제점이나 나아갈 방향, 전략에 대해 같이 토론하는 자리를 많이 만드셨다. 즉, 실무자들이 목소리를 낼 수 있도록 기회를 주신 셈이다. 실무자들이 "꼭 해보고 싶습니다!"라고 하는 부분에 대해서는 크게 제지하지 않고 기회를 마련해 주셨다. 다양한 경험을 통해 성장할 수 있도록 울타리가 되어주셨던 것이다. 그러나 상무님께 어쭙잖은 논리로 점철된 보고서를 가져갔다간 크게 깨지기 십상이었다. 이렇다 보니 우리는 보고서를 작성하고 기획안을 준비할 때, 보다 심도 있게 여러 방면으로 고민했고 이 과정에서 보고서의 수준이 자연스레 높아졌다. 팀장급도 아닌 임원이, 팀원들의 성장에 관심을 가지고 함께 노력하자, 부문 전체가 성장할 수 있었다. 당시 팀원들은 현재 팀장, 매니저, 파트장 등 각자의 자리에서 인정받는 사람이 되었다.

때로는 우리도 임원을 평가할 때가 있다. 바로 승진 철이다. 자고로 임원의 덕목 중 최고는 승진력이니라. E상무님은 매 승진 시즌마다 전투력이 최강이셨고, 팀원들을 최대한 많이 승진시키기 위해 협박, 회유를 서슴지 않으셨다. 임원이 한 치의 양보도 없이 우리의 승진을 위해 저렇게 노력하신다는 것은 충분히 감동받을 만한 일이었고 실제로 우리 부문의 승률도 높았다. 여러모로 믿고 따르기에 충분한 분이셨다.

우리 그룹은 매년 연말에 임원 인사가 나는데 그때쯤에는 거의 모든 임원분들의 메신저 프로필이 각자의 각오를 담은 사자성어로 바뀐다. 그리고 겸허히 처분(?)을 기다린다. 임원분들도 결국 사람이니 인사 시즌에는 한층 예민해질 수밖에 없다. 그래서 평상시 아무렇지 않던 것들이 연말에 갑자기 문제가 되는 경우가 종종 있었기에 주의해야 한다. 그런데 이때가 E상무님이 진짜 '어른'이시구나 하고 느꼈던 때이기도 하다. 상무님도 분명 재계약을 해야 회사 생활을 지속할 수 있는 임원, 즉 임시 직원임에도 불구하고 자리에 크게 연연하지 않으셨다. 임원은 하늘에서 내는 것이라는 말이 있듯이 임원이 되는 것도 어렵지만 그것을 유지하는 것 또한 결코 쉽지 않은 일이다. 자신의 능력과는 상관없이, 돌아가는 상황이나 때로는 정치 논리에 의해 희생(?)당할 수도 있기 때문이다. 상무님께서 계약 종료 통보를 받았던 때가 정확히 기억난다. 상무님 실에서 함께 연말정산 안내문을 정독하고 있는데 내선 전화에 대표님 비서실 번호가 떴다. 상무님은 표정 하나 변하지 않고 "꽃비야, 나 집에 가라고 전화 왔나 보다. 잠깐만 나가 있어라" 하고 말씀하셨다. 그리고 3분여 뒤에 다시 방문을 열고 나오신 후 평온한 표정으로 "꽃비야, 하던 거 마저 하자"라고 말씀하셨는데 그 전화가 정말 해고 통보 전화였더라. 그동안 최선을 다했기 때문에 아쉬움이 없노라 말씀하시는 상무님의 온화한 표정을 보고 참어른이시구나 싶었다. 법인 차를 수령해 오기 위해 상무님 댁에 방문했을 때 진짜 마지막이구나 싶어 눈물이 왈칵 쏟아졌다. 회사에서는 눈물짓는 일이 거의 없었기에 상무님께서도 놀라셨지만 이내 따뜻하게 안아주시며 괜찮다고 그리고 고맙다고, 오히려 나를 위로해 주셨다. 많은 임원분들을 모셨지만 이렇게 눈물을 흘렸던 적은 그때가 처음이자 마지막이었다.

E상무님과 회사의 인연은 끝났지만 나와의 인연은 끝이 아니다. 능력 있는 분이라면 어디서든 알아보기 마련이라 지금은 다른 그룹의 계열사 대표로 계신다. 종종 얼굴도 뵙고 식사도 함께한다. 상무님 아니 대표님께서는 근래에 내가 여러 가지 고민이 많다는 걸 눈치채시고 친히 압구정까지 왕림하셔서 점심도 사주시고 진심 어린 조언도 해주셨다. 인생 선배가 진심으로 걱정해 주시고 진정성 있는 조언도 해주시니 울림의 크기가 유독 크게 느껴졌다. 이런 분을 상사로 모실 수 있어서 영광이었다.

이제는
셀프 홍보 시대

나는 1년 365일 치마만 입고, 그중에서도 원피
스를 주로 입는다. 대학생 때 청바지를 몇 번 입
긴 했지만 그때를 제외하면 바지를 입고 외출한
적이 거의 없다. 회사에서도 마찬가지다. 하체통통족인 데다,
술배도 적잖이 나온 터라 바지는 조금 불편하기 때문이다. 겨
울은 물론이고, 워크숍 때도 바지를 입지 않았다. 하지만 팀장
이 된 후, 주로 밖에서 근무를 하기 때문에 한겨울에는 도저히
치마로 견딜 수가 없었다. 그나마 1년 차 때는 버틸 수 있었는

데 2년차가 되니 무릎이 시려서 하는 수 없이 바지를 입기로 했다. 처음으로 바지를 입고 출근하던 날 긴장하며 출근했는데 내가 바지를 처음 입었다는 것을 아무도 모르더라……. 사람들은 생각만큼 우리에게 관심이 없다. 업무도 마찬가지다. 지시한 사람은 제대로 된 결과물만을 원할 뿐, 누가, 어떻게 노력했는지 크게 궁금해하지 않는다. 그래서 특히 회사에서는 스스로를 어필하고 홍보하는 것이 필수다.

소맥 아줌마를 활용한 '처음처럼' 바이럴 영상이 노출되고 시쳇말로 대박이 났다. 단 며칠 만에 조회 수 500만을 넘겼고, 언론과 뉴스에도 보도되었다. 이를 계기로 마케팅 팀 내에서의 내 위상이 조금 높아졌다. 하지만 타 부서에서는 소맥 아줌마 건에 관한 섭외 관련 역경을 모르는 사람들이 많았다. 나를 믿어준 사람들을 실망시키지 않고 성공적인 결과를 만들었다는 사실은 뿌듯했지만, 여러모로 주위에 좋은 인상을 심어줄 수 있는 사례였는데 그러지 못한 것 같아 다소 아쉬웠다.

그러던 와중에 출산 휴가에 들어갔다. 미약하게나마 업무의 끈을 놓지 않기 위해 회사 메일과 사내 인트라넷을 종종 확인했고 그때 마침 '밸류챔피언'을 선발한다는 공지를 보았다. 회사가 지향하는 가치에 적합한 업무 사례를 선정해서 시상하고 그룹 사례로 추천한다는 것이었다. 나는 지체 없이 '열정' 사례로 소맥 아줌마 섭외 건을 작성해서 제출했고 밸류챔피언으로 선정되었다. 선발 과정에서 심사를 맡은 임원분들이 내 사례를 꼼꼼히 살펴봤을 터이니 어찌 좋지 아니한가! 사례를 좋게 본 대표이사님은 회사 창립 65주년 기념사에 게재하라 지시까지 하셨다. 비록 이름은 올라가지 않았지만 기념사에 실린 내 사례를 보니 더욱 뿌듯했다.

이외에도 셀프 홍보는 무척 중요하다. 유통 채널에서 근무하는 후배가 본인의 동기들을 통해 마케팅 팀에 오고 싶다는 의사를 적극적으로 피력해 왔다. 스티키몬스터랩 팝업스토어 같이 큰 행사가 있으면 일부러 찾아와 얼굴도 비추고, 회식에도 참석해 마케팅 팀에 오고 싶다는 마음을 내비쳤다. 마케팅 팀에 오고 싶어 하는 후배들은 많았겠지만 그 후배처럼 적극적으로 어필하는 사람은 본 적이 없었다. 얼마 후, 실제로 팀원을 충원하게 되었고 팀장님은 망설임 없이 그 후배를 뽑았다. 팀장님은 특출난 인재가 아닐지라도, 저렇게 자신을 어필하는 열정적인 친구라면 충분하다고 판단하셨다. 물론 그 친구가 본인의 자리에서 제 몫을 다하지 못했다거나 인성에 문제가 있었다면 절대 뽑지 않았을 것이다. 유통 채널에서 일도 잘하고 성실하다는 평가를 받는 데다 성격도 시원시원했기 때문에 믿고 선발한 거였다. 마케팅 팀에 온 후 실제로도 센스 있고 성실하게 근무했고 SNS 채널을 담당하게 되면서 훌륭한 성과도 냈다. 이렇듯 꼭 가고 싶은 팀이나 부서가 있다면, 한 번쯤은 적극적으로 표현해 보자. 물론 현재의 자리에서 제 몫을 다해내고 있고 레퍼런스 체크를 통과할 수 있을 정도의 인성이 기본적으로 깔려 있어야겠지만 말이다.

팀장이 된 후, 타사의 홍보 팀에서 근무하는 신랑을 통해 기자님 한 분을 뵌 적이 있다. 그 기자님이 유통 부서로 새로 발령이 나신 터라 주류업계에 대해 자세히 알고 싶다며 마련된 자리였다. 기자님은 주류 최초 여성 영업 팀장이 된 내 이력에도 관심을 보이셨고, 기회가 되면 기사도 써주겠다 하셨다. 흔치 않은 기회였기에 일을 하며 지키고 있는 신념이나 기억에 남는 에피소드들을 다양하게 말씀드렸다. 그런데 4개월이 지난 후, 갑자기 내 기사가 신문에 실린 게 아닌가? 기자님을 뵌 게 2월이었는데 기사가 실린 건 6월 중순이었다. 인터넷뿐만 아니라 지면에도 실렸다. 높은 분들은 대부분 지면으로 보시기에 나로서는 무척 영광이었다. 그런데 막상 홍보 팀과 본사로부터 엄청난 꾸중을 들었다. 나 또한 이 사실을 전혀 몰랐던 터라 당연히 사전에 보고할 수가 없었다.

　이제 와서 얘기지만 혼나면서도 기분은 좋았다. 자기 PR 시대에 얼마나 효과적인 PR인가! 내 얘기를 좋게 써주신 기자님께 감사할 따름이다. 게다가 기사에 등장하는 그룹의 총수분께서 나와의 일화까지 더해 본인의 SNS에 그 기사를 업로드해주셨다. SNS를 하지 않기 때문에 지인에게 전달받고서야 알았는데, 그리 높으신 분께서 딱 한 번 만났던 나를 기억하시다니……

　그 후로 DM으로 감사의 인사를 드렸고 답장으로 응원의 말씀도 받았다. 〈유 퀴즈 온 더 블럭〉에서도 아마 그 기사를 보고 날 섭외하신 게 아닐까 싶다. 앞서 말했듯이 나비효과는 예측할 수 없다. 다양한 시도와 도전은 언제나 좋은 일이다.

　언젠가 강연에서 이런 질문을 받은 적이 있다. "묵묵히 일하는 편인데 성과는 다른 사람이 가져가고, 아이디어를 내서 실행하기에는 일단 너무 오랜 시간이 걸리는 데다, 막상 기획서를 제출해도 윗분들 마음에 안 들면 자꾸 없던 일이 되니 점차 의지가 꺾여요……. 게다가 주변 사람들의 기가 워낙 세서 그런가, 묵묵히 일하는 저는 자꾸 그저 그런 프로젝트만 맡는 것 같은데 어떻게 제 목소리를 내고 지분을 늘릴 수 있을까요?"

내 답변은 간단했다.

"광을 파세요. 남들 눈치 보지 말고 광을 파세요. 자신이 한 일, 성과를 다른 사람에게 뺏기지 마시고 스스로를 어필하는 데 활용하세요. 팀장도 임원도 사실 회사에서 외로운 존재입니다. 먼저 다가가서 말을 거세요. 센스 있고 의도가 다분한 질문을 하세요. 본인이 진행하고 있는 프로젝트가 있다면 본인의 생각과 진행 방향을 정리해서 말씀드리고, '팀장님 혹은 상무님께서 저보다 경험도 훨씬 많으시고 고견도 있으시니 이런 방향과 전략이 어떤지 여쭤보고 싶었다'라고 하세요. 질문을 통해 그 프로젝트를 진행하고 있는 사람이 나라는 것을 어필할 수 있을 뿐더러 내가 수립한 방향과 전략이 맞는지 검증까지 받을 수 있어요. 내가 미처 생각지 못했던 리스크도 발견할 수 있는 기회가 될 거예요. 일거양득이 아니라 일거삼득이죠. 질문했는데 뭐 이런 걸 물어보냐고 하면 어떻게 하냐구요? 만약 이런 질문에 상사가 귀찮다고 거절한다면 그 상사는 머지않아 직책을 내려놓아야 할 것이 자명하니 그냥 패스합시다. 이런 질문을 받으면 상사들도 여러분이 어필하고 있음을 눈치챌 거예요. 하지만 곰보다 여우가 낫다고, 그렇게 어필하려는 노력도 밉지 않게 봐줄 것입니다. 어르신들이 먼저 안기는 손주에게 더 애정을 쏟듯, 상사들도 이러한 노력 또한 가상하게 봐준다는 뜻이에요. 관리자가 되면 때론 먼저 다가와 주는 것만으로도 고맙습니다. 생각해 봅시다. 후배 직원이 중요한 업무에 대해 질문하는데 왜 묻냐고 하는 사람이 뭐 어디까지 올라가겠습니까? 제대로 된 대답을 얻지 못했을지언정 최소한 그 후에 진행되는 부분에 대한 방어도 가능합니다. 나중에 왜 이런 식으로 진행했냐고 물어보면 여쭤봤는데 제대로 대답 안 해주시지 않았냐고 하면 됩니다. 여러분, 얼마나 나쁜 사람들과 일하고 계신지 모르겠지만 후배가 와서 생산적인 질문을 하는데 나쁘게 볼 사람은 정말 거의 없습니다. 착하게 있느라 본인의 노력을 뺏기지 말고 '드세다', '나댄다' 소리를 듣더라도 본인의 성과를 어필하시길 바랍니다. 내가 나를 챙겨야지 다른 사람이 챙겨주지 않습니다."

실체 없이 광만 파는 것은 분명 문제지만, 실제 자신이 가진 장점을 적극적으로 어필해야 하는 세상인 것은 맞다. 특히나 회사와 같은 조직에서는! 이전 세대와 달리 요즘은 개인적인 삶이 조금 더 중요시 되고 있다. 그러나 그만큼 서로에 대한 정보가 부족한 것도 사실이다. 그러니 묵묵히 성실하게 일하는 것도 물론 좋지만, 여러분이 가지고 있는 무수한 장점들을 꺼

내어 보여주는 것은 어떨까? 사람들에게 내 장점을 알려야만,
빛을 발할 수 있는 알맞은 곳에서 능력을 펼치며 일할 수 있을
것이다.

회사에서는
사소한 거짓말도 하지 말자

 거짓말을 좋아하는 사람이 어디 있겠냐마는 나
는 유독 거짓말을 경계하는 편이다. 일단 한 번
거짓말을 하면 그 거짓말을 지키기 위해 계속
새로운 거짓말을 해야 하는 것이 싫다. 어릴 적 거짓말로 많이
혼나본 사람으로서 감히 장담컨대, 처음부터 사실대로 말했으
면 덜 혼났을 거다.

한번은 이런 적도 있었다. 내가 생김새와 달리 미술과 발레,
클래식을 굉장히 좋아하는 터라 발레단에 계신 지인께서 종종

공연 초대장을 보내주신다. 그날도 오랫동안 기다려온 「백조의 호수」 공연 날이었는데 갑작스럽게 부서 전체 회식이 잡힌 것이다. (아무래도 주류 회사다 보니 다른 회사에 비해 술자리가 많다.) 거짓말하는 것은 더 아닌 것 같아 자상하지만 다소 고지식하신 팀장님께 사실대로 말씀드렸다. 전부터 기다렸던 공연이 마침 오늘이라 회식에 참석할 수 없을 것 같다고 말이다. 색다른 사유에 팀장님은 약간 당황하셨지만 이내 허락해 주셨다. 팀장님 입장에서는 내가 다소 개념이 없어 보였을 수 있다. 하지만 거짓말하는 사람이 되는 것보다야 낫지 않을까?

입 발린 소리를 좀체 하지 않는 사람들이 어떤 이들에겐 다소 건방져 보일 수도 있다. 반면, 오히려 신뢰감을 더해줄 수도 있다. 개인적인 생각으로, 회사나 조직에서 가장 해로운 존재들은 '예스맨'인 것 같다. 애석하게도 적지 않은 상사들이 그저 "알겠습니다"만 반복하는 이들을 바란다. 연차가 쌓일수록 더 많은 경험과 혜안을 가질 수 있겠지만, 실무는 담당자가 제일 잘 안다. 상사들이 예전의 경험이나 수치에만 머물러서 현재의 것들을 재단하려 할 때, 담당자는 담당자만의 논리와 수치로 설득해야 한다. 그런데 윗사람이 "NO"가 아니라 물음표 하나만 던져도 기겁을 하고 뒷걸음치는 사람들이 있다. 제대로 된 상사 밑에 있는 예스맨이라면 그나마 낫겠으나, 무능한 상사 밑에 있고, 그 예스맨의 직급이 점점 높을수록 그 부서는 엉망이 된다. 실무자의 입장에서 적어도 아닌 것은 아니라고 말할 줄 알아야 한다. 얼토당토않은 지시가 떨어졌을 때 일단 최소한으로 시행해 보더라도 아닌 것에는 아니라고, 맞는 것은 맞다고 말하자. 예쁨은 못 받더라도 신뢰만큼은 확실히 얻을 수 있다.

한번은 명석한 팀원이 제안해서 추진했던 프로젝트가 있다. 팀원과 파트장님, 나 이렇게 셋이 진행한 업무였는데 본사 유관 부서에 허가를 득해야 하는 부분이 있어서 보고서를 작성했고, 결재도 득했다. 그렇게 동분서주하고 있던 어느 날, 보고서 하나가 메일로 왔다. 그 내용은 우리가 진행하고 있던 프로젝트였고, 해당 보고서가 대표이사님에게까지 올라갔다고 적혀 있었다. 문제는 보고서 어디에도 이 프로젝트의 주체가 우리 팀이라고 명시되어 있지 않았다는 것이다. 한마디로 유관 부서에서 우리 프로젝트를 자기들 것인양 보고하고 있었던 것이다. 일은 우리가 하고 떡은 거기서 먹고! 나중에 알게 된 사실이지만 이 프로젝트에 대해 당시 대표이사님께서 지대한 관심을 보이고 계셨다더라. 아니, 아무리 그래도 나같이 독한 사람의 것을 대놓고 훔쳐가다니. 아마도 내 좌우명이 불의는 참아도 '불이익'은 참지 않는다는 것임을 몰랐던 것 같다. 여하튼 착착 진행되던 프로젝트는 예상치 못했던 사내 문제로 중단되었고, 모두 곤란한 상황에 맞닥뜨렸다. 그런데 결국 보고는 누가 했던가? 본사 부서 아니던가? 결과적으로는 그 부서가 가장 곤란에 처하고 말았다. 같은 직장인으로서 굉장히 안타까웠지만, 인과응보라는 말이 더할 나위 없이 적절한 경우였다. 거짓말의 대가를 톡톡히 치르셨으리라……. (문제의 소지를 이중삼중으로 검토했던 터라, 다행히도 아무 문제도 발생하지 않았고 무사히 마무리되었다.)

큰 거짓말은 물론이고 작은 거짓말도 아예 하지 않는 것이 좋다. 신뢰를 깰 수 있는 가장 쉬운 방법이기 때문이다. 어쩌다 팀장들끼리 이른 저녁에 술자리를 가지게 되면 나는 부문장님께 사전에 상세히 보고드린다. 보고하지 않고 관할 지역을 이탈하는 행위도 절대 하지 않는다. 은행에 갈 일이 있는데 시간이 꽤 걸릴 것 같다면 보고하고 움직인다. 점심시간일지라도 아이 학교에 서류를 제출하러 다녀와야 하면 이 또한 보고하고 움직인다. 이런 사소한 보고들이 바쁘신 부문장님 입장에서는 번거로우실 수 있겠지만, 부문장님이 내 상황을 인지하고 계실 경우 문제가 생겼을 때 즉각적인 대응이 가능하다. 괜히 또 다른 거짓말들로 상황을 모면해야 할 필요도 없다. 오히려 이런 솔직함이 상사든, 후배든 나와 함께 일하는 사람들에게 신뢰를 줄 수 있다. 거짓말은 언젠가 들키기 마련이고, 거짓말로 당장의 곤란함과 어려움은 피할 수 있을지언정 후에 감당해야 할 책임은 훨씬 커진다. 별 뜻 없이 한 거짓말 하나로 그동안 쌓아 올린 모든 것에 물음표가 생길 수 있다고 생각하면, 사소한 거짓말도 할 수 없을 것이다.

원수 같은 사람이라도
조사에는 참석한다

대학생 때부터 줄곧 경조사의 여왕이라고 불릴 정도로 경조사가 많았다. 여담이지만 결혼식 사회도 꽤 여러 번 봤다. 첫 번째 사회는 절친의 결혼식이었는데 신랑의 친구와 듀엣으로 사회를 봤다. 두 번째 사회도 신랑 친구와 듀엣으로 했지만 그 후로는 혼자서도 종종 했다. 친한 오빠 결혼식도 내가 사회를 봤는데 아무래도 여자가 사회를 보는 일이 흔치 않아 혹여 장난스럽게 할까 염려하셨던 신랑 측 아버님은, 결혼식이 무사히 끝나자 사회를 정말 잘 봤다며 칭찬을 아낌없이 해주셨다. 또 다른 결혼식 때는 피로연 사회를 맡아서 장소 섭외부터 프로그램까지 모두 혼자 준비했는데 신랑 친구고, 신부 친구고 이런 색다른 프로그램은 처음이라고 칭찬했다. 지금도 길이길이 회자되는 피로연이다.

결혼식 사회도 보는데 결혼식 참석은 오죽할까. 내가 결혼식 사회를 봤던 오빠의 친누나부터 대학교 동기의 언니, 회사 동기 누나의 결혼까지 참석했다. 중국 어학연수 시절 친했던 언니 결혼식에 참석하려고 청주까지 갔고, 대학교 후배 결혼식에 참석하기 위해 부산에도 갔다. 누군가 기쁜 자리에 나를 불러준다면 시간과 노력을 들여 꼭 참석했다. (정말 신기하게도 내가 결혼을 해보니 정신없는 와중에도 누가 오고 안 왔는지 다 보이더라.) 경조사가 얼마나 많았는지 하루에 결혼식 3개와 돌잔치 3개가 겹쳤던 날도 있었다. 기쁨을 같이 나눌 수 있는 사이라는 게 얼마나 좋은가? 축하 자리에는 항상 유꽃비가 함께한다는 것을 보여주고 싶었다.

그러나 특히 조사에 더 신경을 쓰는 편이다. 결혼식 같은 경우 특정 계절, 길일, 특정 시간대에 집중되는 경우가 많아 부득이한 경우 못 가기도 하지만 조사는 갑작스레 연락이 오기 때문에 중복되는 경우가 거의 없다. 내 원칙상 경사보다는 조사가 먼저였기에, 무리하더라도 조사에는 필히 참석했다. 회사를 다니면서는 갑작스러운 조사에 참석하기 어려울 때도 있었지만 물리적으로 불가능한 경우가 아니면 대부분 참석했다. 동기 어머님이 병환으로 돌아가셨을 때는 퇴근하고 경북 상주까지 가서 조문한 적도 있다. 집에 돌아오니 새벽 3시라 눈만 잠깐 붙이고 출근했던 기억이 난다. 친한 선배 아버님이 감기로 입원했다가 패혈증으로 갑자기 허망하게 돌아가셨을 때는 빈소에서 일손을 보태기도 했다. 이것이 내가 사람을 챙기는 또 하나의 방식이다.

회사에는 내가 싫어하는 사람도 많고, 나를 싫어하는 사람도 많지만 그중에서도 정말 싫어했던 사람이 있다. 그분은 회사에 1만큼의 문제가 발생하면 100으로 부풀려 보고하고 2의 노력으로 해결하곤 그리 생색을 내셨다. '문제가 발생했을 때 원만히 해결하는 것'이 그분의 업무였는데, 본인의 능력을 과시하려다 보니 오히려 X맨처럼 문제를 키우는 경우가 잦았다.

마케팅 팀에서 근무할 때였다. 새로운 판촉안을 진행하기 전, 문제 소지의 여부에 대해 그분에게 문의를 하면 무조건 "NO"라는 답변이 돌아왔다. 괜히 "YES"라고 하면 책임질 일이 생길 것 같으니 무조건 반려하신 모양이었다. 덕분에 날아간 아이디어가 얼마나 많은지 모르겠다. 차라리 내가 윗분들을 직접 설득하는 것이 나을 정도였다. 또, 양반집 출신이시라 점잖은 것을 좋아한다고 들었는데 아랫사람에게 욕은 어찌나 잘하시던지, 욕깨나 하는 나도 놀랄 지경이었다. 또! 양반집 출신이시라 직접 무언가를 하는 것이 익숙지 않았는지, 그룹에서 진행하는 MBA 과정에 참여할 때면 과제는 전부 후배 직원들을 시키셨다. 앞장에서 말했던 C임원, '무상주 많이 갖다 쓰는 어르신'이 바로 이분이시다. 내 기준으로 봤을 때, 회사에 득이 아니라 실이 더 많은 분이셨는데 엄청난 치부책이라도 있었는지 천수를 누리고 퇴직하셨다. 매번 인사 때마다 집에 돌아갈 것으로 예상되는 영순위였는데 자리를 오래 유지하시는 것을 보면서 우리끼리는 '피닉스'라 부르기도 했다. 한 번도 고분고분하게 굴지 않는 나를 그분도 저어했지만 나도 그분이 너무 싫었다. 한 장짜리 보고서를 60번 이상 수정시킨 것으로 봐서 그분도 나를 안 좋아하셨던 것은 분명하다. 그럼에도 불구하고 그분이 모친상을 당했을 때는 직접 조문을 갔다. 가깝지도 않은 곳이었는데 일부러 시간을 내어 찾아온 나를 보고 그분도 좀 놀라신 것 같았다. 진심 어린 위로의 말을 건네고 소고기 뭇국도 두 그릇이나 먹고 나왔더랬다.

팀장이 된 후로 맡게 된 거래처가 있었다. 그 거래처 사장님은 유독 지나친 지원을 자주 요청하며 나를 당황스럽게 하셨는데, 그동안 여러 가지 이유로 전임 팀장이 그쪽에서 바라는 지원을 모두 맞춰준 모양이었다. 사장님은 담당자가 바뀌어도 동일한 지원을 기대하셨을 텐데 나는 규정에 맞지 않는 지원은 칼같이 잘라버렸다. 사장님은 본인이 원하는 만큼 지원을 받기 위해 여러 방법으로 내게 압력을 넣으셨지만 어림없었다. 규정에 어긋나는 일은 결코 할 수 없었다. '까라면 까는 척'도 규정이나 법규에 맞을 때나 해당되는 이야기였다. 그러자 사장님은 경쟁사 제품으로 바꾸겠다고 하셨고, 그런 이유라면 나도 어쩔 수 없다고 말씀드렸다. 서로의 입장이 첨예하게 대립해서 만남의 횟수가 늘어날수록 웃는 얼굴로 마주하기가 쉽지 않았다. 그러다 사장님께서 모친상을 당해 충남에서 장례를 치르고 계시다는 소식을 들었다. 나는 한걸음에 장례식장으로 조문을 갔고 사장님은 이 멀리까지 어찌 왔냐며 굉장히 반기고 고마워하셨다. 장례식에 참석하느라 반나절 이상의 시간을 소요했지만 역시, 가는 게 맞았다.

어떤 사람들이 믿고, 불편하더라도 도리를 다하는 것이 옳다고 믿는다. 상대방이 바닥이라고 나 또한 바닥으로 가면 진흙

탕 싸움밖에 더 되겠는가? 상대방이 나를 끌어내리려 해도 고고하게 버티고 서서 가는 게 맞다. 인생의 대소사를 겪고 있는 사람이라면 관계의 좋고 싫음을 떠나 위로하는 것이 도리라 믿는다. 그렇게 내 도리를 다한다. 내게 무례했던 사람이지만 그럴수록 더욱 예의 바르게 굴자. 어쨌거나 직접 조문을 온 내 얼굴을 보면 나에 대한 미움도 1퍼센트 정도는 줄어들 것이다.

4장 될놈될의 마인드

---

1. 때론 가치관을 희생해야 하는 순간도 있다

가치관과 신념을 지키고 사는 것은 분명 중요하다. 단 공적으로 가치관을 희생하는 것도 필요하다.

2. 일을 하면서 한 번쯤은 1등을 해보자

한 번쯤은 전력 질주해서 1등을 해보자. 사람들이 당신을 대하는 태도가 달라질 것이다.

3. 법인 차에 타는 순간 우리는 회사의 대표다

가장 큰 리스크 관리 방법은 임직원 개개인이 회사의 얼굴이자 대표라는 마인드를 가지는 것이다.

4. 정보는 고위 관리자만의 전유물이 아니다

회사는 정보가 곧 힘이다. 신속하고 정확한 정보 공유는 업무 효율성을 높이고 지름길로 갈 수 있는 최고의 방법이다.

5. 이제는 셀프 홍보 시대

결과물만을 중시하는 회사에서 적극적인 셀프 홍보가 당신을 반짝이게 하리라.

6. 회사에서는 사소한 거짓말도 하지 말자

크든 작든 거짓말은 대가를 치르기 마련이다. 작은 거짓말로 쏘아 올린 공이 산사태로 돌아올 수 있으니 주의하자.

7. 원수 같은 사람이라도 조사에는 참석한다

무례한 사람에게는 더욱 예의 바르게 행동하자. 상대가 바닥으로 끌어내리려 해도 고고하게 버티고 서있는 것이 상대에게 지지 않는 방법이다.

5장

더도 말고
덜도 말고
기본만 합시다

어딜가나 인격적으로 모독하는 사람은 있다
일단 최대한 참고 엎어버릴 땐 제대로 하자
영업 사원이지만 함부로 대하시면 안 됩니다
험담하는 사람들 중에 전도유망한 사람은 없다
나를 괴롭히는 사람이 있으면 그 사람 뜻대로 되게 놔두지 말라

어딜가나
인격적으로 모독하는 사람은 있다

 회사는 사회의 축소판이다. 온갖 유형의 사람들이 있고 온갖 일들이 일어난다. 한 선배는 노래방 도우미랑 정분이 났다가 도우미 엄마가 회사로 쫓아와 셔츠를 다 찢어놓는 등 행패를 부린 적도 있었고, 꾸지람 들은 것에 화가 난 지방의 한 지점장님이 상무님을 죽이겠다—실제로 이리 말함—며 만취해서 서울 본사까지 올라와 철로 된 출입문을 발로 차서 휘어진 적도 있다. 퇴사를 앞둔 사람이 만취한 채로 화장실을 부셔놓은 적도 있다. 나름 적당한 사례들만 순화해서 나열한 것이지 정말 〈세상에 이런 일이〉에 나올 법한 일들도 여러 번이었다. 그래서 이제 허무맹랑한 이야기들도 실제로 일어날 수 있는 일일 거라고 생각하게 되었다. 내 주변엔 그것보다 훨씬 악덕한 빌런들이 많으므로……

주류 회사라 그런지 다른 회사보다 술자리가 많고, 우리 술을 응원하는 일에 관대한 편이다. 그런데 술과 술자리가 좋아서 입사한 나조차도 정말 싫은 술자리가 있었다. 바로 예전 관리자였던 B관리자와 함께하는 자리였다. 이분 덕에 처음으로 (결국 내진 않았지만) 사표를 써봤다. 그분은 1년에 365일 술을 마신다고 해도 과언이 아니었는데, 취하면 진상 중의 진상이었다. 신입 사원 때였다. 밤 9시쯤, 회사로 당장 오라고 전화를 하신게 아닌가? 본인은 이미 만취한 상태였는데 거기다 한잔을 더 하자고 사수와 나를 부른 것이었다. 우리를 데리고 단골집에 들어간 시간이 10시쯤이었고, 얼마나 취하셨는지 안주도 술도 안 시키고 한 시간 반을 우리 앞에서 설교만 하시다가 사장님께 혼만 잔뜩 나고 쫓겨났다. 아닌 밤중에 홍두깨라고 집도 멀었던 우리로서는 정말 황당하고 화가 나는 일이었는데, 다음날 사과는커녕 일언반구도 없으셨다.

또 하나, 이분은 술만 마시면 나이와 성별을 막론하고 먹던 숟가락으로 상대방의 이마를 때렸다. 인사불성은 아니신 게 확실한 것이 본인보다 높은 사람은 결코 때리지 않았다. 나중에는 맨정신에도 숟가락을 들고 이마를 때리시더라. 요즘같이 SNS가 활성화된 시기였으면 인터넷 스타가 되고도 남았을 분이다. 본인 예산을 다 쓴 후 내 예산을 갖다 쓰는 것은 예사였고, 주말에 내 법인카드로 치킨을 시켜 드시고 상신—주말이라 상신 자체도 불가능함—도 안 하셔서 내 통장의 잔액이 계속 부족했다. 법인카드를 개인 용도로 사용하시는 것 자체도 잘못되었고, 본인 것도 아닌 내 카드로 이런 행동을 하시는 것 또한 불쾌했다. 심지어 말도 안 하시고, 돈도 안 주셨으니, 그동안 나도 모르게 내 통장에서 빠져나갔던 것이다. 왜 그러셨냐고 따져 묻는 나에게 B관리자가 한 대답 역시 클래스가 달랐다. 그 카드가 누구 카드였건 '본인'이 긁었기 때문에 '본인' 통장에서 빠져나간다고 생각하셨다는 것이다. 이런 엄청난 논리로 어떻게 입사를 하신 건지 정말 미스터리했다. 클래스답게 지난 몇 달간 내 카드로 시켜 드신 닭 값은 결국 주지 않았다. 언젠가 빌런, 빌런과 꼭 닮은 대리, 나 이렇게 셋이 술을 마시게 되었는데 합석을 하고 싶으니 옆 테이블 여성들을 꾀어오라고도 하셨다. 집에 딸이 둘이나 있는 분이 열 살 이상 어려 보이는 여성들과의 합석은 왜 원하며, 그건 또 왜 나를 시키는 것인지…… 함께하는 시간 내내 이해할 수도 없고 이해하고 싶지도 않았던 분이었다.

그중 압권은 우리 회사가 매각되던 시점에 B관리자가 어떤 일과 관련해 고백한 일이었다. 그즈음 그분은 술을 더 자주, 더 많이 마셨는데, 그날도 여지없이 만취해서는 갑자기 나에게 고백할 것이 있다고 했다. 내용인즉슨 이러했다. 내가 입사하자마자 일선에서 오너 일가 중 한 분의 비서로 나를 점찍었고, 면접에 앞서 나에 대한 평가를 관리자인 자신에게 부탁했다는 것이다. 당시 그분은 '유꽃비는 중국으로 발령을 내려고 뽑았다'는 얘기를 전해 듣고 본인에게 쓸모도 없는 직원을 보내났다고 나를 싫어했던 터라 꼼꼼함, 세심함, 성실함 등 평가 기준에 모두 ×를 써서 보냈다고 고백하셨다. 생전 처음 듣는 얘기였는데 머리가 띵해졌다. 면접을 본다고 내가 붙었으리란 보장도 없지만 본인이 뭐라고 내게 주어진 기회를 마음대로 박탈한단 말인가? 평가야 본인의 소관이라 해도 최소한 나에게 알려주셨어야 하는 게 맞지 않냐는 말이다. 더구나 왜 이 얘기를 매각이 진행되는 시점에서 알린 건지도 이해할 수 없었다. 내가 면접을 통과했다면 함께 일했을지도 모르는 오너분께서는 아직도 나를 통해 와인을 가끔 구입하시는데 연락이 올 때마다 그분 생각도 같이 나서 살짝 열이 오르곤 한다.

술을 많이 마셨던 그분은 실수도 많았던 터라 약점도 많았다. 불의는 참아도 '불이익'은 참지 않는 나로서 참고 싶지 않았지만, 굳이 내가 나서지 않아도 그분의 업무 능력이나 태도가 스스로를 곤란에 빠뜨릴 것이 자명해 보였다. 아니나 다를까. 그분은 결국 난처해지고 말았다. 더구나 위기를 넘기려 거짓말까지 하다가 좋지 않은 결말을 맞이하셨다. '나이가 드니까, 복수도 귀찮다, 알아서 망해라'라고 하상욱 시인이 말씀하셨던데 진짜 알아서 망했다. 빌런과 같이 했던 시간은 끔찍했지만, 반면교사로 삼은 덕분에 그보다는 훨씬 나은 사람이 될 수 있었다. 모욕적인 행동과 말이 상처였으나, '고작 저딴 인간 때문에 어렵게 들어온 회사를 그만둘 수는 없다. 이 회사에 없어야 할 사람은 내가 아니라 저 인간이다'라는 생각으로 버텼다. 그러나 정말로 '또라이 질량 보존의 법칙'이라도 있는 것인지……한 명의 빌런이 사라지면 꼭 새로운 빌런이 등장한다.

죽도록 싫은 상사 때문에 퇴사나 이직을 고민하는 주변 사람들에게 항상 하는 말이 있다. 우리가 선택할 수 없다는 점에서 부모나 상사가 비슷해 보이지만, 상사는 언제든 바뀔 수 있다는 것이다. 나도 겪어본 터라 싫어하는 사람과 함께 일하는 하루하루가 얼마나 힘겨운지 안다. 하지만 어렵게 얻은 기회를 그런 상사 때문에 날려버리는 것은 너무 아깝다. 그리고 다른 곳에 간다고 좋은 사람만 있으란 법이 어디 있는가?

사족이지만, 사실 나는 그분에게 소심하지만 통쾌한 복수를 한 적이 있다. 신제품 판매 우수 지점으로 선정되어 다 같이 청평으로 수상 레포츠를 하러 간 날이었다. 그분과 함께 바나나 보트를 탔는데 짓궂은 강사가 보트를 전복시켜 우리 모두를 물에 빠트렸다. 눈치 없는 그분은 물을 무서워하는 날 놀라게 할 요량으로 잠수해서 내 발목을 잡았는데 발로 얼굴을 차고 온갖 쌍욕을 했더니 어안이 벙벙한 모양이더라. 나는 너무 놀라서 그랬다고, 누군지 몰랐다고 했는데 아직까지도 그렇게 알고 있는 듯하다. 모르긴 뭘 몰라.

일단 최대한 참고
엎어버릴 땐 제대로 하자

 어디든 빌런은 있기 마련이고, 게다가 빌런을 피
해가기란 쉽지 않다. 나 또한 몇몇의 빌런들을
겪었지만, 이번의 F팀장님은 여러 가지 시사점
을 주는 빌런이었다.

그동안 내가 겪었던 빌런들은 굉장히 비열하다는 공통점이
있었다. 강약약강의 태도로 일관하며 본인보다 높은 상대에게
는 밑도 끝도 없는 예스맨이지만, 본인보다 아래에 있거나 약
자라고 판단되는 사람에게는 본색을 드러냈다. F팀장님도 역

시 그랬다.

조직이 새로 변경되면서 F팀장님이 우리 팀장님으로 오실 때 전 팀장님이 소개하시기를 '능력은 딸리지만 착한 사람'이었다. 결론부터 말하자면 착하지도 않으셨다. 영업은 하루도 안 해보셨으면서, 오로지 수치로만 판단하셨다. 본인에게 인사이트가 없다면 후배들 기획안이라도 통과를 시켜줘야 하는데 상사의 질문 한 번에 기획안 자체를 부정해 버리시던 분. 그러면서 오후 5시면 상무님과 술을 마실 요량으로 상무님 실 앞을 서성이시던 분. 본받을 게 있었다면 '절대 저렇게는 되지 말아야지'가 전부였던 분. 당시 팀원 수가 적지 않았기 때문에 누군가 한 명쯤은 F팀장님을 좋아할 법도 했는데 단 한 명에게도 호감을 사지 못한 분. 이제 보니 여러 가지로 대단하셨다.

한번은 그룹개선 팀—이라 쓰고 감사 팀이라 읽는다—이 회사를 찾아왔는데 우리 팀이 비용을 많이 사용하는 부서다 보니 그룹개선 팀에서 주의 깊게 들여다볼 것이 분명했다. 아니나 다를까, 그룹개선 팀에서 판촉 관련해 질의할 게 있으니 올라오라는 연락이 왔다. 당연히 F팀장님이 가실 줄 알았는데 막내나 다름없던 대리에게 가라는 게 아닌가? 사내개선 팀도 아니고 그룹개선 팀 호출인데 막내급 대리를 보내는 것은 아닌 것 같아 당시 팀의 선임 격이었던 내가 대신 가겠다고 했다. 보통 사람이라면 내 말에 부끄러워하며, 본인이 가겠다고 했을 텐데 F팀장님은 "잘됐다"며 끝내 나를 보내셨다. 그래, 빌런이 괜히 빌런은 아니지…… 팀원들의 보호막이 되어야 할 팀장님임에도 불구하고, 보신주의의 대표자였던 그분은 혹여 본인에게 피해가 올까 전전긍긍한 것이었다. 이렇게 우리 팀과 관련한 것들은 내가 다 조사(?)를 받다 보니, 수검 일지—그룹개선팀과의 대화를 기록한 것—를 취합하는 부서에서는 내 일지가 와야 일이 끝났다고 할 정도로 매일, 심지어 어떤 날은 오전, 오후로 불려 갔다. 하도 자주 보게 되자, 나중에는 담당 조사관(?) 외의 다른 분들도 내게 회사에 대해 이것저것 여쭤볼 정도였다.

'책임자지만, 책임지지 않으려는' 그분의 모습을 보면서 나중에 내가 팀장이 되면 절대 저러지 말아야지 하고 매번 다짐했다. 직장 상사와 잘 맞는 사람이 몇이나 있겠냐마는 식습관부터 유머 코드까지 어느 것 하나 맞는 게 없는 분이었다. 그분 또한 할 말 다하고 본인보다 높은 임원분과 스스럼없이 지내는 내가 못마땅하셨으리라. 어쨌거나 회사는 회사였고 업무적으로만 문제가 없으면 되지 않을까 싶었는데 진짜 문제는 회식 자리였다. 평소 하고 싶은 말을 제대로 못하고 예스맨으로 살아서 그런가, 술만 마시면 팀원들에게 욕을 했는데 다음 날 사과는 커녕 기억이 안 난다는 말뿐이셨다. 주사를 기억하지 못하는 것도 — 못하는 건지, 못하는 척하는 건지 모르겠지만 — 빌런들의 중요한 특징이다. 뭐…… 본인이 사실 천재라며, 자기에게 배울 수 있는 영광스러운 기회를 주겠다고 막내들에게 말씀하시는 것을 보면서 차라리 욕이 낫겠다는 생각까지 들었다. 참 가지가지…….

사이가 좋진 않았어도 F팀장님과 나는 일종의 경계선 정도는 서로 지키면서 지내고 있었는데 어느 날 터질 게 터졌다. 당시 우리 회사는 연장 및 초과 근무에 굉장히 민감한 상황이었다. 하지만 팀의 특성상 야근이 잦을 수밖에 없었다. 컴퓨터 온오프라인 시간을 모니터링하던 인사 팀에서는 우리가 연장 근무를 하면서도 대체 휴무를 쓰지 않는 것에 대해 문제를 제기해 왔다. 아무래도 팀의 선임인 내가 대체 휴무를 사용해야 후배들도 사용할 수 있을 것 같아 그동안의 연장 근무 내역과 대체 휴무 계획을 정리해서 결재를 요청했다. 그런데 F팀장님이 눈을 똥그랗게 뜨면서, "야근이야 네가 능력이 부족해서 업무 시간에 못 끝내서 한 거고, 행사장은 내가 가지 말라고 했는데 가놓고서 왜 연장 근무 신청서를 작성한 거야? 5월 31일도 나는 분명히 들어가라고 했는데 네가 남아 있어놓고선, 왜 이걸 작성한 건데? 난 이거 인정 못 해"라고 정확히 말씀하셨다. 우리 회사의 경우 시스템상 연장 근무는 사전에 상사의 품의를 득해야만 할 수 있었고, 그동안 본인이 잘도 허가를 내줬으면서 이제 와서 무슨 소리란 말인가?

말은 아 다르고 어 다르다고 했다. "그동안 여러 업무 때문에 연장 근무한 것은 고맙고 미안하지만, 요즘 업무가 많으니 대체 휴무 시간을 조금 조정해 주면 어떨까?"라고 하셨으면 나 또한 받아들였을 것이다. 그런데 법으로, 회사 규정으로 정해진 대체 휴무를 본인이 왜 인정하지 못한다는 것인가. 순간 이건 정말 아니다 싶었다. 이런 말도 안 되는 이야기를 듣고도 가만히 있으면 저분은 모두에게 저렇게 행동하시리라. 그날은 목요일 오후였고, 나는 바로 휴직을 결심했다. 금요일 오전에 휴직을 보고하려고 했더니 하필 또 그분의 연차휴가 날이었다. 하는 수 없이 주말 내내 전투력이 떨어지지 않도록 마인드컨트롤을 해야 했다.

대망의 월요일! 9시가 되자마자 F팀장님께 휴직서를 들고 갔다. 월요일 오전에는 보통 팀별 회의가 있기 때문에 모두가 자리에 착석해 있는 데다 가장 조용한 시간이기도 했다. 휴직서를 받아든 F팀장님은 상당히 놀라며 이유를 물으셨다. 왜인지 몰라서 물으시는 건가? 더 이상 팀장님의 얼굴을 마주하고 싶지 않아서라고 말하고 싶었지만, "부모님 두 분 모두 편찮으신 상황임에도 불구하고 최선을 다했는데, 제가 야근을 하는 이유가 능력이 부족해서라고 말씀하시니 무리해서까지 여기에 계속 있을 필요가 없을 것 같다"고 말씀드렸다. 이미 모든 사람들이 나와 F팀장님의 대화를 숨죽여 듣고 있었다. 그분은 본인의 말을 끝까지 지키지도 못하셨다. 눈물이 그렁그렁한 채로 본인이 말실수를 한 것이라며 사과하셨고, 이어서 휴직을 무르려고도 하셨다. 그러나 내가 느끼기에 진심이 담기지 않은 사과였고, 실제로 휴직을 되돌릴 생각은 애초부터 없었던 터라 흔들리지 않았다. 실제로 부모님 두 분 다 크게 편찮으셨을 때라 '가족돌봄휴가'로 휴직계를 작성했고, 말리는 F팀장님을 뒤로 한 채 상무님께 휴직 계획을 말씀드렸다. 놀란 상무님이 이유를 물으셨고, 며칠만 더 생각해 보라고 만류하셔서 일단 그리하겠다고 했다.

그 뒤로 그분의 행동이 예상되지 않는가? 내 기분을 거슬리지 않게 하려고, 최대한 조심스럽게 행동하셨고 그런 모습을 보며 오히려 나는 저런 보신주의적인 면모를 또 보느니 꼭 휴직을 해야겠다고 다짐했다. 그런데 며칠이 지나자 그분은 내가 휴직을 물렀다고 판단하셨는지 또 안심하는 모습을 보이셨다. 나를 그렇게 띄엄띄엄 보시면 안 될 텐데……. 어쨌거나 결심은 진작에 끝났고 휴직을 하는 게 맞을 것 같아 인사 팀에 서류를 제출하겠다고 F팀장님에게 의사를 전했다. 그는 다시 한번 토끼 눈이 되었지만 이번엔 말리지 못하시더라. 그렇게 부모님의 병원 통원도 돕고 아이와 오롯이 데이트도 하며 두 달을 보냈다. 그동안 그분의 얼굴을 안 보니 아주 날아갈 것 같아서 헬스 PT를 받는데도 불구하고 살이 쪘다. 두 달이 어찌나 빨리 흐르던지, 군인들이 왜 그렇게 복귀하기 싫어하는지 백번 이해가 갔다.

어찌어찌 복직은 했고, 다행히도 F팀장님은 나를 또라이로 분류했는지 더 이상 건드리지 않았다. 전형적인 강약약강이었다. 그래서 이런 유형의 상사 때문에 힘들어하는 지인들에게는, 꼭 한번 매운 맛을 보여주라고 조언한다. (그렇지만 휴직을 추천하지는 않는다.) 나는 이 정도는 해야 분이 풀릴 것 같아 그리했는데 속사정을 모르는 사람들은 내가 상사를 들이받았다고 뒤에서 잔뜩 흉을 본 것 같았다. (근데 그런 사람들 중에 전도유망한 사람은 없어서 뭐 신경 쓰기도 애매하다.)

모기한테도 배울 점이 있다는 말이 탈무드에 있던데, 사실 그분 덕분에 배운 점도 꽤 있다. 팀원들의 나이를 막론하고 모두에게 존댓말을 하는 팀장이 되었고, 팀에서 일어나는 모든 일은 무조건 내 책임이라고 생각하게 되었다. 그러라고 직책 수당을 받는 거니까. 무엇보다 제대로 배운 것은 강약약강인 놈들에게 내가 '약'이 아니라는 것을 명확하게 보여줘야 한다는 것! 또한 어설프게 말고 제대로 보여줘야 한다는 것!

영업 사원이지만
함부로 대하시면 안 됩니다

 독보적인 브랜드파워가 있는 회사에서도 영업
은 힘들다. 하물며 주류에다 만년 2위인 우리 회
사의 영업은 더군다나 쉽지 않다. 하지만 앞에서
도 말했듯이 나름대로 재미있게 일하고 있다. 힘든 것과 재미
있는 것은 분명 다르고, 녹록지 않은 상황에서 무언가를 해냈
을 때 얻는 기쁨은 더욱 크다.

그럼에도 불구하고 우리 사회는 '영업'이라는 직군을 그다지
긍정적으로 보지 않는 것 같다. 드라마나 영화에서 고된 직장

생활을 대표하는 장면으로 영업 사원 주인공이 이리저리 치이는 모습만 봐도 알 수 있다. 사람들에게 영업은 곧 어려운 일이자 폼 나지 않는 일, 심지어 하대받는 일인 것이다. 하지만 거의 모든 소비재는 영업 사원을 통해 소비자에게 전달되기 때문에 그 중요성은 실로 엄청나다. 소위 '을'로 구분되고, 무시받거나 행패를 당하는 경우도 왕왕 있지만 회사의 매출과 발전을 위해서 결코 없어서는 안 될 존재이기도 하다. 〈유 퀴즈 온 더 블럭〉 촬영 시, 꼭 나가길 바랐는데 편집된 말이 있다. 전국의 영업 사원분들께 드리고 싶은 말이었다.

"여러분, 쉽지 않으시죠? 그래도 우리 영업 사원이 없으면 그 어떤 제품도 소비자에게 도달할 수 없습니다. 아무리 좋은 마케팅이나 기획도 영업의 조력이나 협업 없이는 성공할 수 없죠. 여러분의 루틴한 업무가 다소 지겹게 느껴지겠지만, 그 한 걸음 한걸음이 제품 발전에 중요한 영향을 미칩니다. 자부심을 가지고, 어깨 펴고 당당하게 일합시다!"

영업을 하다 보면 정말…… 별별 사람들이 다 있다. 무례한 사람들 때문에 속상했던 적도 많지만, 그건 내가 영맨이어서가 아니라는 것을 이제는 잘 안다. 그 사람들 인성에 문제가 있는 거다. 그러나 더럽고 치사해도 매출을 내려면 사람 같지도 않은 상대에게 웃는 얼굴을 지어야 하며 무수한 일들을 참아야 한다. 이렇게 상식 이하의 언행으로 나를 힘들게 하는 상대방과 일해야 할 때는, 일단 그들을 업무적으로만 상대하라고 말하고 싶다. 내 매출 달성을 위한 통로로만 판단하자는 것이다. 세상 누가 '통로' 때문에 상처를 받고 밤잠을 설치는가? '어디가서 큰소리 한번 못 내는 미천하고 불쌍한 사람이 매출을 빌미로 나에게 몽니를 부리는구나'라고 생각하자. 그리고 그 거래처를 나오는 순간 잊어버려라. 나의 정신 건강을 위해서! 그러나 이렇게 마음먹게 되기까지 쉽지 않은 여정이 있었다.

　사람의 인격이라는 게 상대방을 대하는 모습에서 쉽게 판단할 수 있다. 처음 영업을 시작했을 무렵 어리고 조그만 여자애가 열심히 하겠다고 하니 대부분 조금은 너그럽게 봐주셨다. 하지만 몇몇 사람들은 나를 못 잡아먹어 안달이었다. 한 호텔 검수과 직원 G는 툭하면 전화해서 아무것도 아닌 일로 고래고래 소리를 질렀다. 본인 퇴근길에도 전화로 악을 써댔는데 처음에는 눈물도 고이고 정신적 데미지도 있었다. 그러나 시간이 좀 지나니 원래 이런 사람이구나 싶어 소리를 지르면 지르게 두고, 난리를 치면 치게 두었다. 원하는 반응이 나오지 않자 진상을 부리는 횟수와 강도가 점점 줄어들었다. 이를 보면서 참

비열하다 싶었다. 어쨌거나 그 사람과 상관없이 해당 거래처에 최선을 다해 영업했고, 그 결과 총지배인님과도 친해지게 되었다. 본인보다 높은 분들과 친해지자 G직원의 진상 짓은 거의 없어졌고 그걸 보자 더욱 비열하다 싶었다. 또한 본인의 인격을 내부적으로 철저히 숨기지 못했는지 몇 년 뒤 그 사람은 다른 호텔로 이직을 하게 되었다. 기존에 있었던 호텔과는 위상이나 규모 면에서 현격한 차이가 날 정도로 작은 곳이었다. 그 후로 G직원은 전에 없던 다정한 목소리로 내게 전화해 앞으로 잘 도와달라는 부탁을 해왔다. 본인이 한 행동들을 잊은 건지 모르는 척하는 건지, 참 염치도 없구나 싶었다. 만약 저런 사람을 무시하지 못하고 계속 상처받고 힘들어했다면 얼마나 억울했을까? 하지만 그와의 연은 이것으로 끝이 아니었다.

당시 나와 사수 둘이서 수도권과 제주도 호텔들을 전부 담당할 때라 G직원이 이직했던 작은 호텔까지 관리하기는 어려운 상황이었다. 그때 우연찮게도 전부터 좋은 관계를 유지했던 분께서 그 호텔 식음팀장님으로 가시게 되었다. 나는 애써 그곳까지 찾아가 팀장님께 G직원을 소개하며 좋은 분이니 잘 부탁드린다고 인사를 드렸다. 그쪽이 무례하게 굴며 나를 바닥으로 끌어내리려 했어도 나는 그쪽과 달리 바닥으로 가지 않았다는 것을 보여주고자 한 행동이었다. 물론 G직원이 이런 마음을 이해할 수 있는 사람은 아니었을 거다. 그저 헤벌쭉 웃고 있었던 것을 보면…….

　한번은 이런 적도 있었다. 주류 특성상 소비자나 거래처에 직접 납품을 할 수가 없어, 보통 벤더라고 부르는 주류 도매상을 통해 납품을 하는데 천덕꾸러기 첫 번째 관리자가 벤더라고 관리를 잘해놨을 리 만무했다. 신입 사원 때 처음 방문한 벤더 여성 사장님께선 이미 그동안 그분이 벌여놓은 일들 때문에 많이 언짢으신 상태였는데 새로운 담당이라고 신입을 데려와 인사시키니 더욱 언짢아하셨다. 내 인사는 받는 둥 마는 둥 하시고, 그분에게 고함을 치며 화를 내셨는데 하필 호피무늬 옷을 입고 계셔서 흡사 호랑이 같았다. 벤더 사장님은 험난한(?) 주류업계에 오래 계신 터라 다정하지도 않았고, (기대하지도 않았다) 워낙 내가 못 미덥고 탐탁지 않았는지 곁을 내어주기는 커녕 혼을 내시기 일쑤였다. 그렇다고 내가 주눅이 드는 것도 아니라 그게 또 마음에 안 드셨나 보다. 지금 생각해 보면 눈물 한번 쏙 빼서 날 길들이고 싶으셨던 것 같은데 뜻대로 안 되니 더욱 골이 나셨던 것 같다.

　이를테면 이런 일이었다. 사전에 사장님과 협의한 대로 업무를 진행했는데 생각하신 수지 타산과 달랐는지 엄청 화를 내기 시작하셨다. 잘못한 것이 없기에 잘못했다 소리를 하지 않았더니 사장님은 더욱 화가 나셔서 그야말로 고함을 지르시고 난리가 났다. 무슨 말씀을 드려도 사장님은 결국 본인 분이 풀릴 만큼 화를 내실 것이었다. 그래서 잠자코 아무 말도 안 하고 있었더니 이번엔 아무 말이 없다고 화를 내셨다. "왜 아무 말이 없어?" 하고 소리를 빽 지르시기에 대표님께서 말할 기회조차 안 주시지 않았냐고 했다. "너 어디서 배워먹었어?"라고 하시길래 우리 측 잘못이 없음을 조곤조곤 설명드렸더니 또, 화를 내셨다. "너 뭐하는 계집애야?"라고 하기에 이렇게 화만 내시면 저희도 더 이상 드릴 말씀이 없다고 하고 나왔다. 뒤에서 계속 소리치시는 소리가 들렸지만 무슨 말을 해도 혹은 가만히만 있어도 화를 내시니 사장님 눈앞에서 사라지는 수밖에.

그 후로 괜한 트집을 잡거나, 화내시는 이유들을 하나하나 해결했더니 마침내 사장님이 화내실 이유가 정말 하나도 남지 않았다. 나중에는 거머리처럼 채권 회수를 하러 오는 나를 피하느라 사장님은 가방도 못 챙기고 나가버리시곤 했다. 사장님은 마냥 나를 미워하셨지만, 실무자들은 다행히 협조적이라 업무에는 문제가 없었다. 아직도 주류업계 사람들에게 그분과의 일화를 말하면 나의 내공을 인정해 준다. 친구 사이에서도 마찬가지다. 본인 기분에 따라 태도가 갑자기 달라지는 사람들은 어디서도 환영받지 못한다.

팀장 2년 차에 위스키 채널을 처음 담당하게 됐을 때는 걱정이 앞서기도 했다. 룸살롱에 가본 적이 없는 데다 미디어에서 워낙 무서운 분들이 근무하는 곳으로 묘사해 놓았기에 어떻게 상대해야 할지 걱정이었다. 이때 처음 만났던 분이 한 룸살롱의 전무님이셨는데 얼굴만 봐도 내공과 포스가 강하게 느껴졌다. 하지만 걱정과 달리 배려 많고 자상한 분이라 괜한 걱정을 했나 싶었다. 규모가 큰 곳에는 재무이사님도 따로 계셨는데 워낙 유쾌하고 자상하셔서 업소 내 식당에서 저녁까지 챙겨주셨다. 그래도 받아야 할 돈이 있는 거래처에 가야 할 때면 긴장을 할 수밖에 없었다. 그러나 당시 거래처 사장님은 흡사 천하장사 같았던 첫 인상과 달리 변제의 노력을 다하겠노라 상냥하게 말씀하셨고, 그렇게 무사히(?) 대화를 마치고 나올 수 있었다. 우호 거래처였던 또 다른 사장님은 젠틀함은 기본 장착에, 워낙 박학다식하셔서 건강 상담은 물론 내 몸에 맞는 영양제도 추천해 주셨다. 걱정과는 달리 위스키 채널 대표님들이 오히려 더 젠틀하셨던 게 지금도 좋은 기억으로 남아 있다.

다만 ㅈ업소 대표님은 조금 달랐다. 호탕한 성격이어서 처음 만났을 때부터 어색함이 별로 없었는데, 잘해주면서도 우리를 하대하시는 것이 명확히 느껴졌다. 우리 제품을 적극적으로 도와주시는 분이라 감사한 부분이 많다 보니 자주 찾아뵀는데, 대표님은 굳이 하지 않아도 될 말들을 자꾸 하셨다. 주로 본인 예전 여자 친구와의 과거사부터 듣기 불편하고 불쾌한 말들이었는데, 내가 어떤 쪽으로든 반응을 보이면 정도가 심해질 것 같아 아예 반응을 하지 않았다. 새벽에 전화가 온 적도 몇 번 있어 정중하게 자제를 요청드렸더니 본인이 원래 술을 마시면 지인들한테 전화하는 습관이 있다며 이해해 달라고 하셨다. '내가 왜 이해를?'이라는 생각이 들었지만, 매출이 큰 거래처이니 상대적으로 내 인내심의 한계도 조금 넓혀놓기는 했다. 그럼에도 불구하고 마음속에서 손절하게 된 결정적인 계기가 2가지 있었다.

업무상 저녁 식사 자리를 마련한 적이 있었다. 어쭙잖은 것으로 모시면 흰소리를 할 분이라 호텔 뷔페로 모셨다. 호텔에 거래처분을 모신 경우가 처음이었고 가격이 워낙 비싸서 큰맘 먹고 준비한 자리였는데 고마워하기는커녕 "어차피 너희 L계열사 팔아준 거 아니냐"고 하시는 게 아닌가? 사람이 얼마나 꼬

이면 저리 말씀하실까 싶었다. 두 번째는 코로나19로 인한 영업 시간 제한과 관련한 일이었다. 모두 알다시피 작년 한 해 코로나19로 모두가 힘들었고 주류 회사인 우리도, 특히 위스키 채널은 영업 시간 제한 기간이 길어져 정말 많이 어려웠다. 우리도 거래처도 모두 처음 겪는 상황이었기 때문에 상호 간의 배려와 양해가 필요한 상황이었다. 코로나19가 잠시 주춤했던 4월쯤, 위스키 채널 영업 시간 제한이 잠시 풀렸던 적이 있다. 제한 해제 첫날 그 대표님으로부터 전화가 한 통 걸려왔다. 우리 상무님을 모시고 본인 업소에 와서 술 좀 팔아달라는 용건이었다. 당시 주류 회사임에도 불구하고 방역에 협조하고자 직원끼리의 모임이나 술자리 자체가 전면 금지였고, 예산도 제한된 터라 다음에 찾아뵙겠다고 사정을 설명했다. 그러자 대표님은 "야! 가서 너네 상무한테 전해. 오늘 안 올 거면 평생 우리 집에 올 필요 없다고!"라고 소리치며 불같이 화를 내고 전화를 끊으셨다. 어려운 상황에도 서로 상생할 방법을 찾기 위해 애쓰고 있는데 이런 말을 하시니 목구멍까지 욕이 올라왔지만 꾹 참았다. 욕을 했을 때 잘못을 깨달을 사람이면 내 욕이 아깝지 않지만 그게 아니면 사실 욕도 아깝다. 코로나19 초기에 자발적으로 마스크도 구해다 드리는 등 호의를 베풀었는데 본인 수가 틀린다고 함부로 대하신다면, 나로서도 호의를 베풀 이유가 하등 없었다. 업무적으로 필요한 부분만 주고받으면 그뿐이었다.

사실 영업하면서 만난 별의별 사람들 중에 좋은 분들이 훨씬 많지만, 이상한 사람들은 그 정도가 심각하다. 본인 캠핑용품부터 생수까지 다 사달라는 사람부터, 매번 본인들끼리 술을 마셔놓고 우리랑 같이 회식한 걸로 해서 대신 결제를 해달라고 요청하는 사람까지. 정상 생활이 가능할까 싶은 마인드의 소유자들도 본인의 갑들에게는 방긋방긋 잘 웃긴 하더라. 잠깐, 그 스트레스를 우리 영맨들한테 푸는 건가?

거래처분들이 감사한 분들인 건 맞다. 우리 제품을 애용해 주시는 덕에 판매 실적을 달성할 수 있으니 말이다. 흔히 거래처를 '갑', 영맨을 '을'로 표현하는데 언제나 갑에서 을의 방향으로만 도움을 주는 건 아니다. 갑과 을이 서로 도와야 공동의 목표를 달성할 수 있다. 우리도 한정된 예산과 자원을 가지고 활동하기 때문에 거래처와 관련해서 선택과 집중을 할 수밖에 없다. 그러니까…… 을이라고 이렇게 함부로 대하시면 안 됩니다, 여러분. 조심해 주세요!

험담하는 사람들 중에
전도유망한 사람은 없다

언젠가 회사 후배가 말했다. "선배를 표현할 수
있는 단어는 'Iconic(상징적인)'이 아닐까요?" 곰
곰이 생각해 보니 경력이 비슷한 여성 동료도
없는 데다, 주류에서 신입 사원으로 시작해 차근차근 성장해서
팀장 자리까지 오른 여성도 나밖에 없었다. 그렇다 보니 어느
정도 상징성이 있는 것 같긴 하다. 역시나 1등만 기억하는 세상
인지 사람들은 '최초'라는 말을 굉장히 좋아하고 거기에 큰 의
미를 부여한다. '최초'의 여성 영업 사원, '최초'의 여성 소주 브

랜드매니저, '최초'의 여성 영업 팀장. 일부러 의도한 것은 아니었는데 하고 싶은 일을 하며 묵묵히 자리를 지키다 보니 감사하게도 이런 타이틀들을 얻었다.

물론 자력만으로 이뤄진 결실이라기보다 주변의 많은 분들이 도와주신 덕이 크다. 우리 회장님께서 여성인재 육성에 지대한 관심을 가지고 계신 터라 혜택을 본 부분도 분명히 있다. 당연히 감사한 부분이다. 그런데 단지 그러한 혜택과 배려만으로 이 자리까지 올라온 것은 아니다. 회사 내 몇몇 사람들은 내가 오로지 '여성인재 육성을 지향하는 그룹 기조'의 혜택만으로 이 자리에 있다고 여긴다. 어떤 이들은 본인도 치마를 입고 회사에 다녀야겠다고 공공연하게 말하기도 한다. 나 또한 여성인재 육성을 지향하다가 남자 직원들이 역으로 차별받지는 않을지 염려하는 사람이다. 균형을 맞추기 위한 배려가 때로는 누군가에게 차별로 느껴질 수 있으니까.

여하튼 그런 말을 서슴없이 하는 사람들을 가만히 지켜보니 공통점이 있었다. 자신의 미래를 진지하게 고민하며, 발전적이고 생산적인 계획을 수립하지 않는다는 것이다. 본인이 갈 수도 있었을 자리—내가 보기엔 아니지만—를 내가 뺏어갔다고 생각하면 그나마 마음이 편해지는 걸까? 아니면 내가 성장할 수록 본인의 자리가 위태로워지니까, 불안하고 불편한 마음이 드는 걸까? 다행인 것은 내가 부정적인 피드백에 오히려 투지를 불태우는 스타일이라 그럴수록 더욱 힘을 낸다는 것이다. 그리고 중요한 것은 그 사람들이 내게 그다지 도움이 될 만한 사람들이 아니라는 것이다.

세상에 비밀은 없다고 했다. 특히나 회사에서는 더더욱 비밀이 없다. 누군가를 두고 하는 뒷담화들이 각자의 연결고리를 따라 흐르고 흘러 당사자에게 들어가는 일도 비일비재하다. 나도 사람인지라 나에 대한 험담을 전해 들으면 당연히 유쾌하지 않다. 그러나 사람들이 나에 대해 어떻게 얘기하는지 그다지 궁금하지 않을뿐더러, 좋은 사람들과 함께하는 시간마저 너무 부족하다.

심지어 팀장이 된 후 처음 참석했던 회의에서 "유꽃비가 FM 팀장이 되어서 실망한 사람이 너무 많다"며 기분 상할 말을 하신 분이 계셨다. 평소에 꽤나 체면을 차리는 분이셨는데, 욱하는 성질을 참지 못해 사고를 친 전력이 있어 승진의 시옷도 볼일이 없으셨다. 의도가 다분한 말을 굳이굳이 꺼내시던 그분의 심리도 어느 정도 이해는 간다. 아마도 본인의 건재함을 인정받고 싶어서 그러셨던 게 아닐까 싶다. 그분은 내가 눈물이라도 흘릴 줄 아셨나 본데 울기는커녕 실망하지 않게 더욱 열심히 하겠다고 받아쳤다. 들리는 소식에 의하면 그분은 지금도 여전히 그러고 계신 것 같다.

언젠가 관리자 회식에서 날 아끼는 선배가 테이블 끝에 앉은 사람들이 널 건방지다는 등 험담을 하고 있으니 주의하라고 당부했다. 본인들은 감내하고 있는 문제들을 내가 개선해 달라고 요청한 것이 못내 마음에 들지 않았나 보다. 아니 어쩌면 그냥 내가 싫었을 수도. 15살이나 어린 후배인데 마음에 안 드는 부분이 있으면 직접 말씀하실 것이지, 뭘 저 구석에서 뒷담화를 하시는지 모르겠다. 물론 나의 행동이 항상 옳을 수는 없다. 좋은 목적과 의도일지라도 잘못된 방식으로 표현되는 경우도 있으니까. 그럴 때 나를 아끼시는 분들은 진심 어린 마음으로 조언을 해주신다. 나 잘 되라고 하시는 말씀인 걸 알아서인지 그런 말씀들은 기분이 나쁘기는커녕 마음이 따뜻해진다. 나를 걱정하고 염려해 주시는 그 마음들에 진심으로 감사드린다.

친한 사람들한테 우스갯소리로 한 말이지만, 나는 이따금 우리 회사의 '킴 카다시안' 같은 존재처럼 느껴질 때가 있다. 뭐 대단한 사람이라고 이리 관심들을 가져주시는지, 넘치는 관심에 가슴이 벅찰 지경이다. 당연히 누군가를 좋아하거나 싫어하는 것은 개인의 자유다. 다만 나도 모르게 괜한 오해를 받는 경우가 종종 있다. 그럴 때면 어디 대자보를 붙일 수도 없고 참 답답하다.

일례로, 새로 부임하신 본부장님께서 설에 명절 인사와 아울러 앞으로 잘해보자는 취지로 전국의 관리자들에게 문자를 돌리신 적이 있다. 부임하신 지 며칠 안 되었을 때라 '유 팀장'으로 시작하는 문자를 보고, 단체 문자도 각자 이름으로 바꿔 보내시는 분이구나 싶어 소소한 감동을 받았더랬다. 그런데 그 문자를 받고 3개월이 지난 후에야 당시 전국의 모든 관리자들에게 '유 팀장'으로 문자가 갔다는 얘기를 들었다. 전국에 유 팀장은 나 하나인데, 그 문자를 받은 분들이 무슨 생각을 하셨을지…… 동서남북 지점을 줄 세울 때 보통 동쪽인 내가 첫 번째라 그런 것 같은데, 괜한 오해를 샀을까 싶어 파트장님들과의 대화에서 염려를 내비친 적이 있다. 그중 한 분이 "어쩐지 그때 본사에서 유꽃비 팀장이 새로 오신 본부장님하고 친하냐고 묻는 전화가 왔었어요"라고 말씀하셨다. 본부장님이 새로 막 부임하신 때라 다들 민감했을 시기에 내가 단단히 오해를 산 모양이었다. 그 사실을 알고 괜한 오해를 사지 않고자 더욱 신경 썼다. 그래서 언젠가 본부장님께서 갑자기 저녁을 사주시겠노라 연락을 하신 적이 있는데 이 또한 거절했다. 공식적인 자리에서는 의견을 최대한 피력하지만 사석에서는 항상 주의하자는 것이 철칙이다. 공식적인 자리에서 언급한 발언을 통해 예상치 못한 결과가 만들어졌다면 사람들이 전후 사정을 파악할 수 있겠지만, 사석에서 시작된 거라면 괜한 카더라 통신만 양산할 게 뻔했다. 차라리 본부장님께 건방지다는 소리를 들을지언정 문제의 소지를 만들지 않는 쪽을 택하는 것이 나았다. 정말 쉬운 일이 하나도 없다.

『미움받을 용기』라는 책에 이런 말이 있다. 10명 중 1명은 날 비판하고, 2명은 나의 벗이 되고, 7명은 이도저도 아닌 사람들이라고. 어느 정도 일리가 있는 말이다. 그러니까 사람들이 나를 좋아하는지, 싫어하는지에 대해 크게 연연하지 말자. 경험상 모든 사람들에게 좋은 사람이 되고 싶어 부단히 애쓰는 사람들은 보통 본인의 의견을 제대로 피력하지 못하고 이리저리 휘둘리는 경우가 많았다. 그렇게 사는 것은 곧 내 인생의 운전대를 다른 사람에게 맡기는 것과 같다. 나를 좋아해 주는 2명을 제대로 챙기기에도 바쁜 인생이다.

나를 괴롭히는 사람이 있으면
그 사람 뜻대로 되게 놔두지 말라

 나는 말하는 것을 굉장히 좋아하지만, 의외로 들어주는 것도 좋아한다. 그래서인지 지인들에게 전화가 많이 오는 편이다. 지인이 누군가와 생긴 트러블을 털어놓을 때는 무조건 지인 편을 들고 같이 욕하지만, 감정이 어느 정도 해소된 후에는 지인의 문제점에 대해서도 지적하고 진심 어린 조언도 잊지 않는다. 그러나 무엇보다 지인들 대신 심한 욕을 마구 퍼부어 주니까 일종의 대리만족으로 지인들이 스트레스를 푸는 것 같기도 하다. 나는 사실 김수미 배우님 못지않게 욕을 잘한다. 욕에 있어서는 창의성도 뛰어난 편이다. 태어나 처음 듣는 욕이라고 놀라던 분들도 적지 않다. 뭐 그렇다고 아무한테나 하는 것은 아니다……

친구나 후배들이 회사 문제로 힘들어할 때는 대부분 상사가 원인이다. '또라이 질량 보존의 법칙'에 따라 어느 조직에나 그런 사람들은 있기 마련이고, 주변 사람들이 그 피해를 고스란히 받게 된다. 정작 정신과 상담을 받아야 할 사람은 안 오고 그 사람들 때문에 힘든 사람들만 병원에 온다고 어떤 정신과 전문의가 말했다던데, 정말 공감한다. 내 주변에도 사람 같지 않은 상사들 때문에 정신과 상담을 받는 지인들이 있고 나도 정신적으로 너무 피폐할 때는 한번 방문하고픈 마음이 든다.

누구나 조금은 자신에게 유리하게 말하겠지만, 지인들의 얘기를 들어보면 인격적으로 문제가 있는 상사들이 정말 많다. 단순히 '괴롭히기' 위해 이상한 억지를 부리고, 모욕적인 언사를 일삼는 사람들이 우리 주변을 너무나 아무렇지 않게 활보하고 있다. 평범한 사람들은 그런 사람들 때문에 상처받고 눈물 흘리며, 밤잠에 들지 못하고 뒤척인다. 나 또한 그런 적이 있다. 그런데 어느 날 문득 이런 생각이 들었다. 그 사람들이 원하는 것이야말로 우리가 상처받고, 속상해하고, 눈물 흘리고, 밤잠을

==설치는 것이라고.== 그 사람들은 회사를 나서는 순간 본인이 한 행동은 신경도 쓰지 않을 텐데, 고작 그런 사람들 때문에 회사 밖에서의 시간을 망치면 안 되는 거라고. 소중한 인생을 내가 싫어하는 사람에게 휘둘린다면 얼마나 억울한 일인가? 우리가 이렇게 속상해하고 눈물짓는 것을 그 사람이 알게 된다면 과연 우리에게 미안해할 것 같은가? 미안해할 사람이었다면 애초에 그런 행동조차 하지 않았을 것이다.

어느 날 친한 대학교 후배로부터 전화가 걸려왔다. 팀장 때문에 미치겠다는 내용이었다. 다른 사람들에게 후배의 뒷담화를 하고 다니고, 업무에서 배제시키려 하고, 면전에서 인격모독적인 발언들을 한다고 했다. 전후 사정을 들어보니 미국에서 근무한 경험이 있던 후배가 미국의 큰 회사에 합작 프로젝트를 제안했고, 그 일을 대표이사 승인하에 진행하게 되었다고 한다. 그때 팀장은 성사되기 어려울 것 같다며 관여하지 않았다고 한다. 그런데 능력 있는 후배가 일을 잘했던 모양인지 합작 MOU를 체결하기 직전이었다. 역대급 프로젝트라 회사 전체가 주시하게 되자, 팀장은 후배가 갑자기 자신을 위협하는 요소로 느껴졌나 보다. 그럼 본인이 먼저 도움의 손길을 주겠다고 하며 합류하면 될 것인데, 그건 또 자존심이 상했는지 치사한 방법으로 사람을 괴롭혔다. 그런 사람 때문에 밤잠도 설치고 정신적으로 너무 피폐해졌다는 후배에게 조언을 해주었다. 첫째, 그동안 팀장이 했던 인격 모독에 대해 불편하다고 말하고 개선을 요구할 것. 둘째, 업무와 관련해 명확한 의사소통을 요청하고, 혹시 프로젝트에 함께할 생각이 있는지 명확히 물어볼 것. 셋째, 면담 후에는 아무 일도 없었다는 듯, 상대방이 어떤 반응을 보이든 말든 더욱 깍듯하게 대하고 인사도 더 크고 밝게 할 것. 즉, 상대방이 바닥이라도 너는 너의 수준을 지키면서 동시에 당신의 부당한 괴롭힘을 좌시할 만큼 너가 나약하지 않다는 것을 명확하게 보여주라고 했다. 후배는 그리했다가 상황이 더 악화되는 것은 아닌지 걱정했다. 그러나 그런 부류의 사람들은 계속 참는 사람들에게만 그렇게 행동하니 후배는 전혀 걱정할 필요가 없었다. 며칠 뒤 후배는 내가 시킨 대로 했다며 내일 새로운 방법으로 괴롭힘을 당하지는 않을까 우려했다. 하지만 나는 절대 그럴 일 없으니 집에 가서 푹 자고 내일 출근해서 아무 일도 없다는 듯이 더 밝고 크게 인사하라고 했다. 다음 날 역시 후배가 걱정했던 일은 일어나지 않았다. 오히려 팀장이 후배를 조금 어려워한다고 했다.

회사에서 누군가 나를 못살게 군다면, 적어도 이런 부당한 대우를 좌시할 생각이 없다는 것을 상대방에게 명확히 전달할 필요가 있다. 쉽진 않겠지만 자신을 지키기 위해서라면 꼭 필요한 태도다. 잊지 말자. 그들 뜻대로 되지 말자는 것을!

5장 더도 말도 덜도 말고
기본만 합시다

1. 어딜가나 인격적으로 모독하는 사람은 있다

시간이 조금 걸릴지언정 빌런은 알아서 망하니 복수할 가치도 없다. 큰 의미를 부여하지 말고 '최소한 저렇게 되지 말자'의 교본으로 삼자.

2. 일단 최대한 참고 엎어버릴 땐 제대로 하자

강약약강인 사람들은 상대가 끝까지 참을 줄 알고 경거망동하더라. 제대로 한 번 엎어주면 눈도 못 마주치는 것이 강약약강인 사람들의 특징이다.

3. 영업 사원이지만 함부로 대하시면 안 됩니다

갑과 을이 서로 도와야 공동의 목표를 달성할 수 있다. 또한 영원한 '갑'도 영원한 '을'도 없다. 영업 사원을 함부로 대하시다간 어려울 때 더 어려워질 수도 있음을 잊지 마세요.

4. 험담하는 사람들 중에 전도유망한 사람은 없다

미래지향적인 사람들은 본인의 삶에 집중한다. 내 사람들의 조언은 마음 깊이 새기되, 미래가 없는 이들의 험담에는 호탕하게 웃어주자.

5. 나를 괴롭히는 사람이 있으면 그 사람 뜻대로 되게 놔두지 말라

빌런의 언행 때문에 회사 밖에서도 힘들어하는 것, 그것이 바로 빌런이 원하는 태도다. 짧고 소중한 인생을 빌런 생각으로 허비하지 말자.

6장

우리 팀장님같이
될까 봐 무섭습니다

관리자가 좋은 사람인 척하려면 팀원들이 죽어난다

아니다 싶을 땐 확실하게 하자

팀원은 적극적으로 일하고, 책임은 팀장이 지는 팀이 일류다

팀의 성과를 적극적으로 어필하는 팀장이 되자

입 닫고 카드만 줄 수 있는 팀장이 되자

관리자가 좋은 사람인 척하려면
팀원들이 죽어난다

 회사 생활이 즐겁기만 한 사람이 어디 있겠는가? 출퇴근 시간이 오래 걸려 힘들고, 업무가 너무 많아 힘들고, 인간관계 때문에 힘들고, 연봉이 안 올라서 힘들고……. 힘든 이유가 너무 많음에도 불구하고 회사를 다녀야 한다는 사실이 우리를 또 지치고 힘들게 한다. 회사 생활을 하면서 자존심도 지키고, 자존감까지 유지하기란 너무도 버겁다.

일반적으로 우리는 하루에 9시간 이상의 시간을 회사에서 보낸다. 하루의 가장 긴 시간을 회사 사람들과 보내기 때문에 불편한 사람이 있다면 그야말로 지옥과 같은 시간이 될 수밖에 없다. 특히나 상사와 맞지 않을 경우 업무적으로도 영향을 받기 때문에 더욱 힘들다. 내 주변만 봐도 상사와 잘 맞아서 좋다는 사람보다는 안 맞아서 힘들어 죽겠다는 사람이 절대적으로 많다. 나 또한 안 맞는 상사 때문에 힘들었던 시간들이 있었다. 우리가 상사 때문에 힘든 이유는 수없이 많지만, 그중에서도 가장 최악은 팀원들에게는 나쁜 상사이면서 정작 다른 사람들에게 좋은 사람 소리를 듣고 싶어 하는 상사들이다. 그런 사람들은 참 답이 없다.

사내 규정에는 부서별 역할과 R&R[*]이 명시되어 있지만 대략적인 구분만 있을 뿐이지 세부적인 사항까지 기재되어 있지는 않다. 그러다 보니 우리는 종종 특정 업무가 과연 어느 부서의 역할인지에 대해 논하곤 한다. 특히 새로운 업무가 생겼을 때는 처음 그 업무를 맡은 부서가 영원히 그 업무를 해야 하기 때문에 R&R 구분에 있어 유관 부서 간의 이슈가 생길 수밖에 없

---

* R&R(Role and Responsibilities) : 기업이나 부서에서 구성원들이 수행해야 하는 역할, 그리고 그에 따른 책임을 정하는 것

다. 보통 갑자기 튀어나온 새로운 업무는 대표님이나 본부장님 같이 높으신 분들의 번뜩이는(?) 아이디어에서 기인한 경우가 많다. 이런 애매모호한 상황에서는 다들 눈치만 보고 있는데, 사람 좋은 척한답시고 우리 팀장님이 나서면 정말 최악이다. 실제로 종류를 막론하고 자발적으로 업무를 맡아서 오는 상사 밑에서 일한 적이 있는데 내부적으로는 그분에 대한 평가가 바닥이었음에도 불구하고 조직 밖에서는 세상 좋은 분으로 평가되어 있었다. 내 새끼들 힘든 것은 괜찮고, 다른 사람들한테 안 좋은 소리를 듣는 것은 싫은…… 그 심리를 아직도 이해하지 못하겠다. 보통은 내 새끼들부터 챙기지 않나?

이런 상황들을 보고 겪었으면 나만큼은 최소한 그리 하지 않는 것이 맞다. 회사 생활을 하면서 정말 많은 다짐을 했는데 그중 하나가 남들에게 욕먹을지언정 내 사람들에게는 좋은 관리자가 되겠다는 것이었다. 팀장 3년 차, 그 다짐을 꾸준히 지키고 있다고 생각하는데 팀원들의 평가는 과연 어떨지 궁금하다.

불편한 얘기지만, 굳이 따지자면 회사에서 우리 조직은 크게 대우받는 편이 아니다. 조직의 규모는 큰 데 반해 주요 상권 내 거래처들에 제품을 입점하고, 판촉을 통해 판매 증대를 이끌어 내는 활동들이 매출과 직접적으로 연계되지 않다 보니 조직에 대한 이슈가 지속적으로 제기된다. 신입 사원이 들어오면 가장 먼저 배정되는 부서가 보통 여기라 어떤 조직보다도 우리 구성원들이 가장 젊고, 짬도 안 된다. 꼭 필요한 조직임에도 불구하고 이리저리 치이는 경우가 많아 팀원들이 속상해하는 경우도 많다. 그래서 나는 조회 때마다 우리는 정말 중요한 업무를 하고 있고, 이것은 아무나 할 수 있는 일이 아니며, 여러분들이 이렇게 열심히 해주는 것에 항상 감사해하고 있다고 말한다. 물론 실제로도 정말 감사하고 있다.

보고할 때마다 높은 분들은 항상 건의 사항이나 요청 사항이 있는지 물어보신다. 그런데 정말 모르셔서인지, 혹은 개선해 주실 생각이 있으신 것인지 의문이 든다. 그래서일까? 사람들은 보통 의례적인 건의 사항만을 제시하는 듯하다. 건의 사항이 없지는 않지만 공연히 다른 부서가 곤란하게 될 수도 있어 언급하지 않는 이유도 일부 있는 것 같다. 그런데 나는 좀 생각이 다르다. 건의 사항이나 요청 사항은 의사결정자, 즉 높은 분들 앞에서 직접 보고해야 예스든 노든 신속하고 명확하게 답변을 받을 수 있다. 지속적으로 요청했으나 개선되지 않는 부분은 이런 기회를 빌어 해결하는 것도 좋은 방법이다. 관리자가 되기 전에도 착하다 소리는 못 들었는데 관리자가 되고 나서는 더더욱이 좋은 사람 소리를 듣기 위해 살고 싶진 않다.

앞서 말한 대로 우리는 제일 짬이 안 되는 조직인지라 잔심부름에 가까운 일들이 우리 팀으로 배정되는 경우가 종종 있다. 임원분들이 방문하실 식당의 사전 점검부터 각종 배송까지 비일비재하게 우리 팀으로 들어오는데, 전에는 이 부분에 대해서 누구도 문제 제기를 한 적이 없는 것 같았다. 그래서 신임 팀장 교육 때부터 불합리한 부분들에 대한 개선을 요청했다. 공식적인 자리에서 요청하니 임원분도 여차저차 개선을 해주겠노라 약속하셨다. 그렇다고 바로 개선이 되었느냐? 당연히 아니다. 우리에게 시키던 일들을 갑자기 다른 부서에 시키기는 어려웠을 터. '미안하다'는 말만 계속 따라붙으며 일은 여전히 우리 팀으로 들어왔다. 관계가 불편해지는 게 누군들 좋으랴⋯⋯. 그러나 잘못된 것은 바로 잡는 것이 맞다. 그래서 문제를 개선해 주시기로 하지 않았는지, 그런데도 왜 개선이 안 되는지 지속적으로 의견을 냈다. 다행히 전부는 아니더라도 일부는 바뀌었다. 그것도 굉장히 쉬운 방법으로. 이렇게 쉽게 다른 방법을 강구할 수 있었던 건데 그동안 아무것도 하지 않은 거다. 왜? 아무도 문제 제기를 하지 않았으니까!

이렇다 보니 조직 내 문제점은 항상 내가 나서서 이슈를 제기하고 있었다. KPI* 기준에 문제가 있든, 주차비 책정에 문제가 있든 가장 먼저 문제를 제기하는 것도 나였다. 다른 분들도 이제 으레 꽃비가 이슈를 제기하고 어쩌다 해결까지 된다면 다 같이 혜택을 누릴 수 있겠구나 하고 생각하시는 것 같다. 본사에서는 무언가 진행할 때 '투덜이 스머프'인 나한테 컨펌을 받고 진행하라는 지시까지 내려갔다고 하더라. 이런 클레임으로 인해 우리 팀의 성과를 제대로 평가받게 되고, 그동안 받지 못했던 혜택을 누릴 수만 있다면 '투덜이 스머프'라는 별명으로 불리든 말든 상관없다. 부당한 것을 끝끝내 참는다고 만사 오케이인 것은 아니다. 이것을 꼭 명심하자.

---

* 핵심성과지표(Key Performance Indicator) : 실적 평가를 위한 일종의 채점표로, 승진·성과급의 기준이 된다.

아니다 싶을 땐
확실하게 하자

 팀장을 불편해하는 팀원들이 많은 것 같다. 근데 팀장들도 팀원들이 마냥 편하지는 않을 거다. 팀원들과 마찬가지로 팀장들도 팀원들 눈치를 본다. 특히나 요즘 같은 때는 내 관심이 오지랖으로 느껴지진 않을지, 내 말의 의도가 왜곡되어 오해를 사지는 않을지 팀장들도 고민이 많다. 팀장이라고 출근하는 게 즐겁고 신나는 건 아니다. 팀장들도 엄연히 상사가 있고 제 몫을 다하지 못하면 혼나기 때문에 힘들다. 중간에 끼어 있어서……. 회사에서 원하는 방향대로 가자니 팀원들이 싫어할 것 같고, 그렇다고 독자 노선을 걷자니 상부에서 싫어할 것 같고……. 그 와중에 팀장들은 팀원들이 자신들을 좋아하지 않더라도 싫어하지는 않았으면 하는 마음이 있다.

　욕먹는 거 좋아하는 사람이 어디 있겠는가? 또 미움받아서 좋을 사람은 어디 있겠는가? 앞장에서 관리자가 좋은 사람인 척하려면 팀원들이 힘들다고 말했다시피, 관리자는 욕먹고 미움받더라도 할 일은 해야 하는 자리임이 틀림없다. 좋은 소리만 할 수 있는 자리는 분명 아니다.

　내가 팀장이 되고 가장 먼저 수습했어야 하는 일은 부하 직원의 음주 운전이었는데 총체적 난국이었다. 음주 운전 자체도 문제였지만 그냥 음주 운전이 아니라 연차휴가 날 법인 차를 끌고 나갔다가 음주 운전을 한 것이다. 심지어 며칠 뒤 경찰조사까지 마치고 보고했더라. 정말 머리끝까지 화가 났지만 화낸다고 달라질 것이 없어 일단 참았다. 그 팀원에게 보고를 누락한 사유에 대해 물었다. 그러자 진급을 앞두고 있어 진급 결과가 나온 뒤에 보고할 계획이었다는 얘기를 아무렇지 않게 하는 게 아닌가? 진급 때문이었을 것이라고 짐작은 했지만, 이렇게 태연하게 대답할 줄은 상상도 못했다. 해당 팀원이 범상치 않음을 눈치채고 그에 대해 조금 더 자세히 알아보았다. 근무 기간이 길지 않음에도 불구하고 입사 초반에 부서 이동이 있었다. 확인해 보니 업무에 적응을 못했다고 했다. (여기서 잠깐, 영업은 누구나 할 수 있는 직무라는 편견에 의해 이동된 것 같았는데 모르는 사람과 유대 관계를 맺고 제품을 판매하는 일이 결코 쉬운 게 아니다. 식사를 위해 식당의 문을 열 때와 제품을 팔기 위해 식당의 문을 열 때는 확연히 다른 마음가짐이 필요하다. 막상 해보면 그 문을 여는 것이 결코 쉽지 않다는 것을 알 수 있을 것이다.)

그 팀원이 업무에 적응하지 못한 건 탓할 일이 아니며 현 부서에서 도와주고 격려해 줘야 하는 부분이 맞다. 헌데 문제는 다른 데 있었다. 그는 업무적으로 부족한 것이 스스로도 편치 않았는지 동료나 선배들에게 본인의 아버지와 임원 한 분이 죽마고우라며, 본인이 힘쓰면 누구든 승진시켜줄 수 있다고 거들먹거리고 다녔단다. 그뿐 아니라 법인 차는 원래 주말에 사용이 불가했는데 개인적인 사유로 사용하다가 파트장님에게 여러 번 들켜 각서 비슷한 시말서까지도 쓴 전적이 있었다. 하다하다 선불이라는 명목하에 법인카드로 데이트도 했단다. 이미 규정에 어긋나는 행동들을 수차례 했음에도 불구하고 별다른 처분이 없는 거 보니 진짜 아버님께서 임원과 죽마고우시긴 한 모양이다. 전임 팀장님에게 여쭤보니 그 팀원은 면담 때 첫 마디도 본인 아버지 얘기였다고 했다. 전임 팀장님이 "그래서 나보고 어쩌라고 그런 얘기를 하느냐"고 호되게 혼냈다는데도 고쳐지지 않은 것 같았다. 이번 사건도 그는 아버지를 통해 잘 해결될 거라고 생각했는지 당당하기까지 했다. 잘못되어도 한참 잘못되었다……

어느 과일이든 썩은 것 하나가 옆에 것들도 다 못 쓰게 만들어버린다. 조직도 마찬가지다. 잘못된 것을 그대로 방치하면 문제는 곰팡이처럼 퍼져나간다. 규정과 징계가 있는 이유가 이것 때문이다. 특히 관리자 입장에서 조심해야 할 것은 규칙과 규정을 지키지 않는 구성원을 모르는 척하는 일이다. 이는 규칙을 준수하는 사람들을 상대적 박탈감에 빠뜨릴 수 있다.

그래서 그 팀원이 임원 친구의 아들이 아니라 임원 할아버지의 아들이래도 상관없었다. 못된 특권의식, 불성실한 태도, 거기다 개선의 의지도 없는 그 팀원을 우리 팀에 두기 어렵겠다고 판단했고 본사에서도 동의했다. 다만 회사에 그 친구 아버님과 친분이 있으신 분들이 꽤 있던 터라 이런 결정으로 인해 그분들이 곤란해질 수도 있었다. 그래서 이 결정을 사전에 공유하는 게 맞을 것 같아 친분이 있다는 분들을 직접 찾아다녔다. 그간의 일과 금번 사고에 대해 말씀드리고 더 이상 같이 근무하는 게 어려울 것 같아 당사자에게 전달할 예정이라고 말씀드렸다. 그러자 세 분 중 두 분이 굉장히 곤란해하시며 이를 만류했다. 나는 이미 단호하게 결정을 내린 뒤라 양해를 부탁드렸다. 그날 두 분이 회사에 언질을 넣으셨는지 어제까지 나의 결정을 지지하던 본사에서도 다시 기회를 주자며 연락이 왔다. 그러나 이번마저도 그냥 지나간다면 그는 앞으로 더욱 안하무인으로 행동할 것이 자명했다.

면담을 위해 그 팀원을 회의실로 불렀다. 그간의 잘못들을 나열하며 사실 여부를 확인하니 그도 모두 인정했다. 나는 결정을 밀어붙이기로 했고, 그에게 우리 팀은 더 이상 당신과 같이 할 수 없다고 말했다. 그는 이미 본인 아버지에게 SOS를 쳐놓은 상태라 이번에도 그냥 넘어갈 수 있을 것이라고 생각했는지 엄청나게 놀라더라. 면담 마지막에는 그에게 이렇게 말했다.

"○○ 씨에게 개인적인 악감정은 전혀 없다. ○○ 씨가 나쁜 사람이라는 뜻도 아니다. 다만 ○○ 씨가 잘못 생각하고 행동했던 부분들, 가볍게 생각하고 간과했던 회사의 규정들이 이런 결과를 초래한 것이다. 어떤 팀으로 갈지 잘 모르겠으나 지금이 결정이 ○○ 씨가 조금 더 나은 사람이 되는 계기가 되었으면 좋겠다. 지금은 받아들이기 어렵겠지만 ○○ 씨의 인생에서 큰 깨달음을 얻을 수 있는 좋은 기회가 되었으면 좋겠다."

그 팀원이 결과를 순순히 받아들이지 않을 거라고 예상했다. 그런데 예상외로 그는 이 결정을 쉽게 받아들였다. 본인도 나쁜 뜻으로 그랬던 것은 아니라며 받아들이겠다고 하더라. 그렇게 그는 조용히 우리 팀을 떠났다.

아마 이 결정으로 여러 사람이 곤란했을 수도 있다. 하지만 나는 오히려 후에 더 심각한 문제가 생겨 그분들이 곤란해지는 상황을 이것으로 미리 차단했다고 생각한다. 30여 명의 팀원을 이끄는 팀장으로서 업무 능력이 부족한 직원은 다독이며 같이 갈 수 있지만, 인테그리티integrity에 문제가 있는 직원은 함께 갈 수 없다. 좋은 사람 소리 좀 듣자고 잘못을 묵인하고 방치하는 관리자가 되고 싶은 생각은 추호도 없다.

팀원은 적극적으로 일하고, 책임은 팀장이 지는 팀이 일류다

 처음 팀장으로 승진하던 날, 많은 축하를 받았지만 정작 나는 걱정과 두려움이 앞섰다. 과연 내가 이 자리에 적합한 사람인가? 잘할 수 있을 것인가? 어떻게 하는 것이 잘하는 것인가? 다른 팀장님들은 나보다 최소 7살에서 15살 정도 많으신 데다, 영업 분야 내에서 여성 팀장 자체가 처음인지라 그야말로 파격 인사였다. 사실 18년도 상반기부터 팀장 자리를 제안받았는데 스스로 부족하다 여겨 계속 고사하다가 19년도 초에 발령이 난 거였다. 진심으로 축하해 주는 사람도 있었지만, 앞서 말했던 것처럼 실망하거나 시기하는 이들도 있었기 때문에 이런 승진 행보에 이목이 집중된 것은 사실이다. 그러니 더더욱 부담이 될 수밖에 없었다. 그러나 어찌하겠는가? 되돌릴 수 없는 일! 부딪히고 넘어져 가며 해봐야지!

발령받은 동부FM팀은 대부분의 신입들이 거쳐가는 조직이라 내 동기들도 신입 때 근무했던 조직이다. 그러나 나는 처음에 와인사업부에서부터 근무했던 터라 해당 업무에 대한 경험이 전무했다. 그래서 더욱 걱정이 앞섰다. 하지만 이내 생각을 고쳐먹었다. 경험이 없어 부족한 부분은 팀원들과 파트장님들께 배우면 된다. 능력 있고 좋은 팀장은 못 되더라도 부족하고 나쁜 팀장은 결코 되지 말자. 그러면서 내가 팀원일 때 팀장님들께 바랐던 것 2가지를 꼭 지키기로 마음먹었다. 첫째, 팀장으로서 올바른 전략과 계획을 통해 명확한 방향을 제시한 뒤 팀원들에게 최대한의 자율성을 보장한다. 둘째, 팀에서 발생하는 모든 일은 팀장의 책임이다. 팀장으로서 첫 출근한 날, 이 2가지를 가슴에 아로새기며 출근했고 지금도 한 번씩 되새긴다.

첫 출근을 하니 30명이 넘는 건장한 팀원들이 날 반겼다. 규정을 준수하고 근태와 같은 기본적인 것들만 지켜준다면 크게 간섭하지 않을 것이라며 간단한 소개와 함께 인삿말을 덧붙였다. FM팀 업무는 처음이니 여러분들께 배우는 자세로 임하겠다. 아마도 저를 '쌍년'이나 '마녀'로 들었을 텐데 기본적인 것만 지켜준다면 저는 좋은 사람일 것이고 저 또한 좋은 사람으로 남고 싶다고. 30명이 넘는 직원들 이름과 얼굴을 외우는데만도 적잖은 시간이 걸렸지만 감사하게도 한 명 한 명 착하고 좋은 직원들이었다. 무엇보다 파트장님들 라인업이 훌륭해서 굉장히 큰 도움이 되었고 업무에 신속하게 적응할 수 있었다.

우리 팀은 강남역, 삼성동, 야탑, 인계동 등 각 상권에 담당자들이 배정되어 있다. 아무래도 각자의 상권에서만 근무하다 보니 그 상권을 가장 잘 아는 사람은 당연히 상권 담당자다. 매주, 매월, 분기별, 반기별 해야 할 업무와 목표는 팀장이 디테일하게 전달하지만, 상권마다 특성과 상황이 다르기 때문에 각 상권에서 '어떻게' 활동할지는 담당자들의 재량에 맡겼다. 목표는 부과하되 그 방법에 대해서는 스스로 고민하고 행동하도록 최대한 자율성을 부여했다. 팀장의 역할은 팀원들이 그렇게 스스로 고민해서 마련한 방안이 혹여 법적인 문제가 없는지, 회사의 방향과 일치하는지, 추가적인 지원이 필요하지 않은지 살피고 도움을 주는 것이다. 잔소리가 없으니 직원들과도 금세 친해질 수 있었다.

그렇다고 마냥 좋은 사람 역할만 한 것은 아니다. 전체 예산을 동일하게 배분하던 관례를 바꾸어 열의가 높아 추가 지원이 필요한 팀원에게는 더 지원해 주었다. 예산을 적재적소에 쓰기 위해서였다. 새로운 아이디어를 개발하는 팀원에게는 관리자 예산을 배분해서라도 작게나마 시도해 볼 수 있도록 했다. 효과가 좋으면 전체적으로 확대하면 되는 것이었다. 기껏 열심히 아이디어를 내도 실행할 기회가 적었던 전과는 달리 거래처 한 곳이라도 시도해 볼 수 있는 기회가 생기니 성취욕이 강한 직원들은 더욱 자발적으로 아이디어를 내기 시작했다. 법적인 문제만 없으면 아이디어에 코멘트를 달지 않고 모두 시도해 볼 수 있도록 했다. 해봐야 아는 것들이 있다. 이렇게 해봄으로써 효과가 있으면 왜 있고, 없으면 어떤 부분이 부족했는지 깨닫게 된다. 일일이 통제하지 않으니 직원들은 각자의 업무에 훨씬 더 많은 애정과 책임감을 가지고 임해주었다.

그러나 모든 일이 만사형통은 아니었다. 중간 관리자였던 파트장님과의 문제에서 힘들어하는 팀원들도 있었는데, 이런 상황에서 팀장이 할 수 있는 것은 직원들의 기분을 풀어주는 것이었다. (팀장이 하드하다면 파트장님이 풀어주는 경우도 있겠다. 각자의 위치에서 센스 있게 행동하면 될 것 같다.) 팀원들에게 맛난 것을 사주며 잘하고 있다고 격려해 주고, 2차는 팀원들끼리 놀 수 있도록 예산만 지원해 주고 빠지기도 했다. 파트장님 연차 날에는 한 번쯤 시원하게 재끼라고 영화표도 끊어주었다. 본의 아니게 나쁜 역할, 착한 역할을 나눠서 하게 되었는데 그래도 이런 노력들이 효과가 있었다. 팀원들이 파트장님과의 문제로 스트레스를 받더라도 이런저런 즐거운 일들로 금세 털고 일어날 수 있게 된 것이다.

민감한 문제라 자세히 언급할 순 없지만, 업무를 하다가 팀원 몇 명이 송사에 휘말린 적이 있다. 설사 죄가 된다 해도 큰일은 아니었지만 아직 어린 팀원들이라 경찰서에서 출석을 요청하니 걱정이 되는 모양이었다. 팀원들에게 내려온 업무를 팀장인 내가 꼼꼼히 살펴보았어야 했는데 언제 어디서 어떤 문제가 터질지 예측하기란 정말 쉽지 않을 것 같다. 우선 문제가 커지는 것을 막기 위해 팀원들이 나쁜 의도로 진행한 일이 아니었으며 사전에 허락을 득했다는 것을 증명해야만 했다. 관계자들을 직접 찾아뵙고 용서와 양해를 구하고 확인서에 사인도 받아왔다. 확인서를 받으니 조금은 안심이 되었지만 그래도 직원들만 경찰서에 보낼 수 없어 함께 출석했다. 하지만 내 출입은 변호사나 당사자가 아니면 들어올 수 없다고 거부당했다. 하는 수 없이 조사가 끝날 때까지 기다렸다가 팀원들을 다독여 집에 보냈다. 팀원들을 조사했던 형사는 작든 크든 이번 일은 분명 죄가 될 수 있다고 했고, 팀원들은 잔뜩 겁을 먹었다. 관리자의 잘못된 판단 하나가 얼마나 큰 불행을 초래할 수 있는지 여실히 깨달을 수 있었다.

낙담하는 직원들의 표정을 보면서 어떤 상황이 생기든 나는 끝까지 함께하겠다는 말 외에 해줄 수 있는 말이 없었다. 당시 벌금형이 거의 확실했는데 이 부분에 대해서도 사측으로부터 확답을 받지 못했다. 회사에서 벌금을 내주는 것이 소송에 불리하게 작용할 수 있었고, 벌금을 어떻게 재무적으로 처리해서 지원해 줄 것인가도 문제였다. 회사에서 이런저런 이유로 확답을 미루니, 직원들은 꽤 실망한 모양이었다. 어쨌거나 팀장으로서 나는 팀원들을 책임질 의무가 있었고, 그 업무를 전달한 것도 나였으므로 내게도 엄연히 책임 소재가 있었다.

고민 끝에 팀원들을 방으로 불렀다. 좋은 방향으로 해결되겠지만, 혹시라도 벌금형을 받게 될 경우 그 벌금은 내가 낼 것이며 이미 예상 금액까지 준비를 다 해놓았다고 말했다. 모두가 외면하는 상황에서도 팀장은 팀원들을 지키고 보호하는 것이 맞다. 그러라고 직책수당을 주는 것이기도 하다. 당시 팀원들이 내야 할 벌금 예상 총액이 400만 원 정도로 사실 내게도 정말 큰돈이었다. 하지만 일한 죄밖에 없는 팀원들에게 벌금형이라는 기록이 남는 것도 모자라 벌금까지 자비로 내게 할 수는 없었다. 그렇게 따지면 '고작' 400만 원인 셈이었다. 돈 때문에 팀원들과의 신의를 저버리는 결정은 추호도 할 생각이 없었다. 팀원들은 조금 안심이 되었는지 차분히 기다려주었고, 소송도 다행히 잘 마무리되었다. 힘든 고비를 함께 넘어서인지 우리 사이에는 끈끈한 유대감이 생겼다.

　능력 있는 팀장? 누구나 되고 싶을 거다. 하지만 나는 무엇보다도 팀원들이 믿고 의지할 수 있는 팀장이고 싶다. 회사에서 만난 얄팍한 인연이 아니라 서로 신뢰하고 같이 갈 수 있는 팀장이라고 느끼게 해주고 싶다. 새해 첫날인 오늘, 예전 팀원들의 새해 인사가 쇄도하는 것을 보니 헛살지는 않았구나 싶다.

팀의 성과를 적극적으로
어필하는 팀장이 되자

 앞장에서 말했듯 10명 중에 7명은 우리에게 관심이 없다. 특히 업무에 관해서는 그 비율이 더 높은 것 같다. 내 업무도 벅차고 힘든데 다른 사람 업무까지 신경 쓰는 사람이 얼마나 될까? 나 하나 건사하기도 바쁜 우리네 직장 생활이다. 상사도 마찬가지다. 상사라고 우리에게 큰 관심이 있을 것인가? 사건 사고가 발생했을 경우를 제외하고는 우리에게 별 관심이 없다. 고로 내 업무 성과를 어필하고 싶으면 알아서 광을 잘 팔아야 한다. 팀장이 되었을 때는 더욱더 중요하다! (단 팩트에 기반해서만 광을 팔자.)

팀장으로서 우리 팀을 어필하는 일만큼은 정말 진심을 다하고자 한다. 사실 어필할 수 있는 기회도 많지 않다. 그래서 업무보고는 우리 팀의 성과와 장점을 어필하기에 더할 나위 없이 좋은 기회다. 보통 윗선에서 보고를 지시할 때는 상황이 좋지 않아 대책을 요구하는 경우가 많다. 특히 갑작스러운 보고는 더욱 그렇다. 하지만 그런 자리야말로 공식적으로 우리 팀의 성과와 노력을 어필할 수 있는 자리고 기회다. 심지어 준비했던 보고가 취소되면 전날 밤새서 공부했는데 휴강을 통보받은 학생마냥 억울하기까지 하다.

작년에 새로운 상권 운영 방식을 테스트해 보려고 면밀하게 보고서를 준비했다. 조사 자료를 기반으로 한 상권별 매출부터, 새로운 방식을 도입했을 경우 적용할 KPI와 예상되는 매출 증대까지 분석했다. 그런데 부문장님 결재까지 득했는데, 본부장님의 일정이 도저히 안 잡히는 게 아닌가? 워낙 공사다망한 분이라 사무실에 계신 시간도 많지 않았고, 설사 자리에 계신다 하더라도 불쑥 찾아갈 수 없는 노릇이었다. 그러다 갑작스레 본부장님 주재하에 사업계획 보고가 잡혀서 속으로 쾌재를 불렀다. 그래서 1년 동안 팀의 활동 내역과 성과, 건의 사항까지 넣어서 보고서를 더욱 철저하게 준비했는데 또! 보고가 취소되었다. 열심히 준비한 보고서를 서랍에 그냥 밀어넣게 생겼으니 조금 억울하기까지 했다. 안 되겠다 싶어 무작정 본사로 향했다. 다행히 본부장님께서 사무실에 계셨고 많은 분들 또한 보고를 대기하고 있었다. 다행히 내게도 순서가 허락되었고 어쩐 일로 본사에 왔는지 궁금해하시는 본부장님께 10분만 시간을 내어주십사 부탁드렸다. 그렇게 우리 팀 사업계획을 보고할 수 있었고 본부장님께서는 새로운 방식에 적극 찬성하시며 당장 시도해 보라고, 예산도 지원해 주겠노라 약속하셨다.

그런데 적극적으로 어필하는 이런 모습을 불편하게 보는 사람도 있는 모양이다. 나와 관련된 기사나 내용을 회사 블라인드에 지속적으로 올리는 사람이 있다며, 친한 부장님께서 캡처해 보내주시기도 했다. 그중에서도 인상 깊던 댓글이 있었다. '이분보다 묵묵히, 열심히 일하시는 분들도 많습니다.' 맞는 말이다. 내가 회사에서 가장 열심히 일하는 사람이라고는 말할 수 없다. 묵묵히 자기 자리에서 열심히 일하시는 분들이 있기에 회사가 이만큼 성장할 수 있었고 앞으로도 성장할 것이다. 다만 팀장으로서의 나는, 더더욱이 우리 팀의 성과를 적극적으로 어필하고 알릴 필요가 있다. 팀장의 능력은 결국 승진력―직

원을 승진시키는 능력─으로 평가받는다고 해도 과언이 아닌
것이다. 그 결과 이번 승진 인사 후에 우리 팀은 잔치 분위기라
는 소문이 돌았다. 비록 승진 대상자 모두를 승진시키지는 못
했지만 꽤 많은 팀원들이 승진할 수 있었다. 팀장인 이상, 앞으
로도 팀의 성과와 실적 어필에 더욱 적극적으로 나설 것이다.
또 그래야만 하는 것이고!

입 닫고 카드만 줄 수 있는
팀장이 되자

 언젠가 평일 오후, 신랑이 신입 사원과 또 다른 후배까지 셋이서 간단하게 저녁 식사를 할 것 같다며 전화가 왔다. 그런데 갑자기 본인 팀장님이 눈치 없이 끼려 한다고 투덜대기 시작했다. 나 또한 저녁 약속이 있는 날이었는데, 왜 내가 뜨끔하던지……. 며칠 전에는 친한 동생이 부장님하고 점심을 먹는 자리가 불편했나 먹자마자 탈이 났다며 연락이 왔다. 꽃 부장님도 팀원들에게 식사를 제안할 때 참고하란다……. 〈유 퀴즈 온 더 블럭〉 때도 말했다시피 우리 팀원들은 하나같이 다이어트 중인가 보다. (하루 일과 중 담배 한 대 피우는 저녁 6시 말고는 쉬지 않는다는 강 모 사원…… 기억하고 있습니다!) 상권에 갔을 때는 팀원들에게 몇 번이나 식사를 제안했지만 계속 거절당해서 한 손으로 삼각김밥을 먹으며 운전한 적도 있다. 일단 팀장이라 불편한 것도 있고 여자라 조금 더 불편한가 싶다. 맛난 것을 사준다고 해도 먹히지가 않는다. 아무래도 팀장과 팀원들 사이에 파트장님이 계시기 때문에 팀원들이 직접 찾아와 얘기하는 경우가 흔치 않다. 날 것 그대로의 얘기를 듣고 싶은 마음이 큰데 직원들 입장에서는 다소 부담스러운가 보다. 나 또한 팀원이었던 적이 있으니 그들의 심정 또한 이해가 간다.

그렇지만 편한 팀장이 되는 것은 조금 어렵더라도 팀원들의 입장을 헤아릴 줄 아는 팀장은 꼭 되고 싶다. 그래서 팀장이 됐을 때 팀원들의 연차휴가 사유에 대해 묻지 않는 것을 원칙으로 삼았다. 연차휴가는 자고로 개인의 권리이므로, 언제 어떤 이유로 쓰든 이유를 물을 필요가 없다. 실제로 3년 동안 근무하면서 사유를 물은 적이 단 한 번도 없다. 사유뿐 아니라 횟수도 마찬가지였다. 팀원들에게 다른 건 몰라도 연차 사용률만큼은 1등을 하고 싶으니 언제든 편하게 사용하라고 할 정도였다. 다만 각자의 일정은 공유되어야 했으므로 내 방에 있는 화이트보드에 날짜와 이름만 적어놓으라고 했다. 처음에는 쭈뼛쭈뼛하던 직원들도 몇 개월이 지나자 자연스럽게 적기 시작했다. 각자 성향에 따라 연차 사용도 천차만별이었다. 연차를 다 소진함으로써 재충전을 하려는 직원도 있었고, 연차를 아껴서 수당으로 받으려는 직원도 있었다. 팀장은 그저 가만히 있으면 된다.

그런데 부작용 아닌 부작용이 발생했다. 사전 보고가 좀처럼 지켜지지 않았다. 그래서 특별한 경우가 아니라면 적어도 하루 전에는 보고했으면 좋겠다고 다시 공지를 내렸다. 물론 몸이 아프다거나 집안에 급작스러운 일이 발생했다든가 하는 특별한 경우는 예외라고도 설명했다. 그렇게 말한 당일이었다. 외근 중에 팀원 한 명이 아기를 돌보고 계신 어머님께서 갑자기 편찮으셔서 반차를 사용해도 될는지 묻는 연락이 왔다. 후에 파트장님께 들으니 그 팀원이 굉장히 고심하다가 연락했단다. '특별한 경우를 제외하고는'이라고 말했는데 아무래도 하필 그날 공지를 내리기도 했고, 당일에 반차를 사용하지 말라는 뜻으로 이해한 것 같기도 했다. 말이라는 게 전달되는 동안 뉘앙스가 달라질 수도 있으니 항상 조심하려고 노력하는데도, 아니나 다를까 내 의도가 잘못 전달되었다. 파트장님들께 다시 한

번 제대로 된 내용 전달을 부탁했다. 다음 날 그 팀원 상권으로 방문해서 함께 차를 마시며, 어머님은 괜찮으신지, 아가는 잘 크고 있는지 등 소소한 이야기를 나눴다. 팀원의 말을 듣고 보니 역시나 '특별한 경우를 제외하고는'이라는 내용보다 '당일에 사용하지 말라'는 메시지에 모두가 주목했다고 했다. 같은 팀 내에서도 이렇게 오류가 생기는데 다른 부서와 소통할 때는 더욱 심하리라. 앞으로도 단어 선택이나 어감에 신경을 많이 써야겠다 싶었다.

또한 업무적으로 팀원들과 술자리를 하게 되는 경우에도 가급적 업무 얘기는 하지 않으려 애쓴다. 물론 내게 궁금한 것을 묻거나 필요한 것을 제안하는 것은 언제나 환영이지만, 먼저 업무 얘기를 꺼내지는 않는다. 지금도 충분히 잘하고 있고 앞으로도 잘 부탁한다는 독려 외에는 더더욱이. 그리고 1차까지만 함께하고 2차부터는 예산만 지원하고 빠진다. 그 정도 센스는 장착하고 있다.

시대가 많이 바뀌었다. 물론 우스운 팀장이 되서는 안 되겠지만 그렇다고 팀장을 무서워하게 만들 필요도 없다. 같이 가야 멀리 간다고 하지 않던가.

6장 우리 팀장님같이 될까 봐 무섭습니다

1. 관리자가 좋은 사람인 척하려면 팀원들이 죽어난다

관리자가 허허실실하면, 팀원들은 시름시름 죽어난다. 좋은 사람인 척, R&R에 없는 일까지 도맡다 보면 유능한 직원들은 다 떠나버린다. 부당한 것을 부당하다고 말할 줄 알아야 제대로 된 관리자고 책임자다.

2. 아니다 싶을 땐 확실하게 하자

모두를 안고 가는 것이 능사는 아니다. 잘못을 묵인하거나 방치하면 규정을 지킨 사람들이 상대적 박탈감을 느낀다. 조직을 위해 썩은 부분은 도려낼 줄 알아야 한다.

3. 팀원은 적극적으로 일하고, 책임은 팀장이 지는 팀이 일류다

팀장은 팀원들의 자율성을 최대로 보장해 주자. 대신 팀에서 일어나는 모든 일은 팀장의 책임이다. 그러라고 직책수당을 받는 것이다.

4. 팀의 성과를 적극적으로 어필하는 팀장이 되자

팀장 능력의 종착지는 결국 승진력이다. 기회가 주어졌을 때는 물론, 기회를 만들어서라도 팀의 성과를 적극적으로 어필하는 것이 팀장의 의무다.

5. 입 닫고 카드만 줄 수 있는 팀장이 되자

상사는 불편한 존재다. 당신의 관심이 상대에게는 오지랖일 수도 있음을 명심하자. 입은 닫고 지갑은 열어주는 것이 존경받는 상사의 지름길이다.

7장
멘탈 꽉 잡고 간다

이해할 수 없는 사람은 이해하지 말자
적당한 남 탓은 정신 건강에 좋다
자체보상싱스템, 즉 '자보시'를 돌리자
남의 평가는 나중에, 일단 나부터 예뻐해 주자
너무 힘든 날은 퇴근하면서 일부러 운다
나 또한 베푸는 사람이 되자
내 자존감은 결국 나만이 끌어올릴 수 있다

이해할 수 없는 사람은
이해하지 말자

 솔직함은 나의 큰 장점이자 약점이다. 싫은 티를
잘 못 숨겨서 지적을 받은 적도 있다. 무엇보다
싫은 사람 앞에서 억지로 웃는 게 잘 안 된다. 다
행히도 영업을 시작하면서 죽도록 싫은 사람 앞에서도 드디어
싫은 티를 내지 않을 수 있게 되었지만, 이따금씩 나도 모르게
미간을 찌푸리기도 한다. 또한 답정너 스타일의 사람에게는 원
하는 대답을 해주지 않는다. 마케팅 팀이나 임원분들이 현장
상황과 관련해 내게 질문을 많이 하시는 이유도 듣기 좋은 대

답보다는 적나라한 내용을 듣고 싶으셔서일 거다. 거짓말을 하지 말자는 신념 때문이기도 하지만 일단 입에 발린 소리는 몸이 근질거려서 못하겠다. 그러나 혼자 사는 세상이 아니다 보니 본의 아니게 이런 점들 때문에 주변 사람들을 곤란하게 하는 경우가 있었다.

2019년 5월, 때는 회사의 창립기념일을 앞둔 공동 연차 날이었고, 우리 팀에서 나만 부득이하게 출근한 날이기도 했다. 그런데 마침 그룹의 높은 분께서 방문하실 예정이니 보고를 준비하고 대기하라는 연락이 왔다. 휴가 날, 본사도 아닌 지점을 들르신다니…… 알고 보니 본사에 먼저 들르셨는데 전체 휴무라 언짢은 기분으로 가장 가까운 지점이라도 가자고 하신 거였다. 그렇게 마주하게 된 높은 분은 나를 보고 조금 놀라신 모양이었다. 영업 팀에 여자 팀장이 있을 거라는 생각을 못하셨는지 "여자가 팀장이야? 전에는 어딨었어? 아, 마케팅~ 로테이션해서 온 거구만" 하고 말씀하셨다. 내가 훨씬 어리고 아랫사람인 것은 분명했지만 초면에 반말을 하셔서 적잖이 놀랐다. 그동안 그분께서 우리 회사의 인건비 비중이 높다고 계속 문제를 제기하셨다는 것을 이미 알았고, 더구나 우리 팀이 직접적으로 매출을 내는 조직이 아니다 보니 마음에 드실 리가 없다는 것도 짐작하고 있었다. 역시나 지금 우리 조직의 규모에서 인원을 확대해야 하는지 축소해야 하는지에 대해 의견을 물으셨다. 필히 축소해야 한다는 대답을 듣고 싶으셨으리라. 호위 무사처럼 함께 오신 5명의 남성분들이 긴장한 표정으로 내 입만 쳐다보는 게 느껴졌다.

이에 나는 "저희 팀이 비록 매출과 직접적으로 연계되진 않으나 제품 입점과 노출 증대, 거래처 관리를 위해 꼭 필요한 조직이며, 경쟁사에 비해 인원이 적은 편이지만 더욱 열심히 하겠다"라고 말씀드렸다. 그분은 내 대답이 불만족스러우셨는지 "자네 직원들이 밥값은 하고 있나?"라고 되물으셨는데 기분이 확…… 상했다. 우리 직원들 얼굴 한 번 본 적이 없으시면서 어디서 식충이 취급이란 말인가? "저희 직원들이 밥값은 충분히 하고 있으며, 죄송하지만 저희 직원들 밥값이 그리 비싸지 않습니다"라고 다시 대답했다. 호위 무사들의 표정이 새파랗게 질렸다. 그분께서는 "내 말은 그 뜻이 아니잖아?"라고 목소리를 높였고, 나 또한 "저도 알고 있습니다"라고 대답했다.

그분은 화난 표정으로 나가셨고 호위 무사들이 따라나서면서 눈으로 내게 심한 욕을 날렸다. 이 대답으로 누군가는 불편해졌겠지만 다시 그런 질문을 받더라도 똑같이 대답했을 거다.

내 새끼들을 식충이 취급하시는데 어떻게 맞장구를 칠 수 있겠느냐는 말이다. 의견을 물으시기에 대답했을 뿐이다. 원하는 대답이 아니라고 심기 불편해하시는 분이 과연 진정한 어른일 수 있겠는가?

이번에는 마케팅 팀에 근무할 적에 있었던 일이다. 당시 상사가 요상한 아이디어를 냈는데, 우리 직원들이 상권 내에서 브랜딩된 자전거를 타고 다니면 좋지 않을까 하는 아이디어였다. 기동성도 확보되고 브랜드 노출 효과도 있어 아주 좋을 것 같단다. 그러나 기동성이 확보되기는커녕 위험하고, 불편하고, 관리 또한 번거롭기만 해 적당히 뭉개려 했으나 여러 번 말씀하셔서 하는 수 없이 홍보용 자전거를 별도로 제작하기로 했다. 자전거 자체 가격보다 개조하고 브랜딩하는 비용이 배로 들어서 시범적으로 3대만 제작했다. '까라면 까는 척'이라도 해야 하니까! 보고를 위해 완성된 자전거 1대는 사무실로 받았는데 내가 직접 자전거를 타고 상사 사무실로 들어갔다. 나름 반항의 퍼포먼스였다. 아닌 것을 계속 맞다고 우기시는 상사에대한 반항! 그런데 예상과 달리 자전거를 타고 들어오는 내 모습을 보고 그분은 굉장히 흡족해하셨고 잘 만들었다 칭찬까지해주셨다. 정말이지 예측 불가능한 인생이다.

많은 사람들이 몰려 있는 회사에는 천태만상이라는 말이 딱 맞을 정도로 훌륭한 사람부터 최악의 사람까지 참 다양하게 존재하는 것 같다. 그중에서도 권력에 붙어 아부하거나, 박쥐처럼 이쪽저쪽 붙는 사람들이 가장 못나 보인다. 거래처에 선물하는 척 법인카드로 퇴임 임원부터 현직 임원까지 싹 다 명절 선물을 돌리는 사람, 임원 댁에 생수까지 채우는 사람 등등 아부하는 방법도 가지각색이다. 매번 그런 사람들을 이해할 수가 없었는데 가만히 생각해 보면 나를 이해하지 못하는 사람들 또한 꽤 있을 것이다. 부당하다 판단되는 지시에 순순히 응하지 않고 문제를 제기하는 이런 모습들을 특히나 더욱 받아들이지 못하는 것 같다. 한번은 퇴임한 임원이 라이브 카페에서 술값을 계산하지 않고 간 모양이다. 본사에서 전화로 결제를 요청했고 나는 결제를 완료한 뒤, 앞으로는 전화 말고 사유와 금액을 정확히 적어 메일로 처리해 주십사 부탁드렸다. 그랬더니 도대체 왜 그러냐는 전화가 다시 걸려왔다. 이쯤되니 부당한 것을 지시하는 사람과, 본인들의 곤란한 입장을 배려해 주지 않는 나와의 충돌은 어찌 보면 당연하다는 생각이 든다. 각자의 가치관과 상황이 이토록 다른데 굳이 서로를 이해하려고 노력할 필요가 있을까 싶다. 결국 아무리 애를 써도 도저히 이해할 수 없는 사람들은 있기 마련이다.

누군가를 싫어하는 마음조차 자신에게 해가 된다. 직접적으로 당신에게 피해를 주는 사람이 아니라면 끝내 이해가 안 가는 부분들을 두고두고 곱씹으며 고통스러워 하지 말고 그의 장점을 쿨하게 인정한 다음 '그러려니' 하는 마음을 가져보자. '나는 저러지 말아야지' 하고 내 길만 가는 거다. 굳이 감정과 에너지를 소비할 필요가 없다. 같은 뱃속에 있던 쌍둥이 동생도 나를 이해할 수 없을 때가 많다던데 어떻게 모든 사람들을 다 이해하고 살겠는가!

적당한 남 탓은
정신 건강에 좋다

 회사에서 가장 사랑하고 의지했던 선배가 사표를 냈다. 내 투정과 어리광을 기꺼이 받아주고, 사랑도 듬뿍 쏟아주던 선배였다. 회사 건물 특성상 길을 잘못 찾아오는 사람들이 많았는데, 엘리베이터 앞에서 누가 두리번거리기만 해도 혹시 이쪽 가시는 길 아니냐며 먼저 길을 안내해 줄 정도로 상냥한 사람이었다. 회사 생활, 아니 사회생활을 하면서 만난 사람 중에 가장 천사였다. 그런 그녀가 직장 내 괴롭힘 때문에 결국 사표를 냈다.

슬프게도, 착한 사람이 손해를 볼 수밖에 없는 게 조직 생활인가 보다. 남을 돕기 위해 했던 일들이 시간이 지나면서 당연하게 선배의 일이 되었다. 다른 부서, 심지어는 퇴임한 임원이 업무 외적인 것을 부탁해도 거절하지 못하고 본인의 시간과 노력을 할애해서라도 도와줄 정도였다. 그렇게 햄버거로 끼니를 때우면서 야근을 해도 항상 웃고 예쁜 말만 하던 선배였다. 그런 선배를 보고 있기가 너무 속상해서 선배도 남들처럼 좀 못되게 굴면 안 되냐고 설득하기도 했지만 타고나길 성선설의 표본으로 태어나 고쳐지질(?) 않더라. 한없이 맑고 착했지만 속은 또 단단한 사람이라 배울 점도 많았다.

이런 선배가 결정적으로 힘들어지기 시작한 건 새로운 조직으로 발령이 나고부터였다. 선배는 굉장히 특이한 사람들과 근무하게 되었는데, '다름'을 '틀림'으로 규정하던 사람들이었다. 선배가 본인들 뜻대로 되지 않자 유치하고 치졸하게 선배를 괴롭혔던 모양이다. 그리고 마침내 선배와 친하게 지내는 후배에게까지 흰소리를 하는 지경에 이르렀다. 선배가 해왔던 업무에서 선배를 배재시키거나, 능력을 깎아내리는 등 선배의 마음과 자존감을 갉아먹었다. 드라마나 영화에서 보던 것보다 더욱 심한 상황들이 많았는데 선배는 힘들어하면서도 중심을 지키고 맡은 바 최선을 다했다. 하지만 견뎌낼수록 그들은 더욱 집요하게 선배를 괴롭혔다. 상황이 나아지지 않을 것이라 판단한 선배는 퇴사를 택할 수밖에 없었다. 오랜 기간 애정을 쏟아온 회사를 이렇게 떠나야 한다는 사실에 선배는 굉장히 속상해했고, 눈물도 많이 흘렸다. 그러나 퇴사를 결정한 후, 선배의 얼굴이 맑아지는 것을 보면서 그동안 얼마나 힘들었을지 미루어 짐작할 수 있었다. 가장 안타까웠던 점은 선배가 자신이 조금 더 노력했다면 사람들도, 상황도 바뀌지 않았을까 하고 되뇐다는 거였다. 그러나 선배는 그런 생각을 할 필요가 전혀 없었다. 10년 넘게 함께한 세월 동안 누구에게도 나쁘게 굴지 않았던 사람이고, 부당한 결과에도 상대방의 입장을 먼저 헤아리던, 지나치게 착한 게 흠이라면 흠인 사람이었다. 선배를 잘 아는 임원께서는 그 선배를 나쁘게 말하는 사람은 필히 미친 사람일 거라고 말씀하셨을 정도였다.

　선배의 마지막 출근 날이 왔다. 나는 선배를 배웅하며 이렇게 말했다. 선배가 회사에서 근무하는 동안 하루하루 최선을 다한 것을 모두가 알고 있으며 선배의 열정과 노력 덕분에 우리 브랜드들이 잘 성장할 수 있었던 거라고…… 회사를 대신해 정말 고맙다고 말이다. 또한 선배가 사랑하는 회사와 사람들을 떠나게 된 것은 누군가의 못난 행동 때문이었지 결단코 선배가 부족하거나 잘못해서가 아니라고, 본인 탓은 더 이상 안 했으면 좋겠다고 강조했다. 선배는 눈물 고인 얼굴로 고맙다며 웃었다.

문제가 발생하면 무조건 다른 사람 탓만 하는 사람들이 있다. 자기 잘못을 인정하면 목에 칼이라도 들어오는 줄 아는 보신주의자들. 그런 사람들하고 일하는 것은 아주 피곤하다. 업무를 진행하면서 '면피'를 최우선으로 하기 때문에 명확하게 무언가를 결정하거나 대답하는 경우가 거의 없다. 그러니까 우리 또한 정신 건강을 위해서 적당한 수준의 남 탓은 필요하다. 모든 것을 내 탓, 내 잘못으로만 돌리면 더욱 못되게 물어뜯는 사람들을 피할 수가 없기 때문이다.

얼마 전 새로 이사한 사무실의 경비원분들께 인사를 드리러 간 적이 있다. 명절 인사 겸 우리 직원들 좀 잘 봐주십사 부탁 드리기 위함이었다. 선물 세트도 하나씩 드리며 세상 친절한 얼굴로 다녀왔는데 한 경비원분이 그나마 친한 우리 파트장님을 불러 "자네 팀장이 유꽃비지? 눈매가 보통이 아니야. 파트장이 아주 힘들겠어"라고 말씀하셨다고 했다. 세상 친절한 얼굴로 다녀왔는데 이 무슨 말씀이신가! 팀원들은 믿지 않는 눈치지만, 나도 입사 때는 세상 착하고 여린 사람이었다. 퀘스트를 깨는 것처럼 다양한 빌런들을 상대하다 보니 이리 독해졌을 뿐! 그저 여려서는 빌런들을 상대할 수조차 없고, 점점 더 독해 져야 빌런들한테 지지 않을 수 있는데 나라고 별수 있었겠는 가! 나는 맛있는 점심 한 끼만으로도 충분히 행복할 수 있는 사람인데…… 이놈의 회사 덕에 소주로도 독기가 안 빠진다.

자체보상시스템,
즉 '자보시'를 돌리자

 살면서 뜻대로 흘러가는 하루가 과연 며칠이나 될까? 회사와 같은 조직 생활에서는 특히나 하루 계획이 완전히 틀어지는 경우가 다반사다. 신기하게도 '열심히 해야지' 하고 새로운 각오를 다진 날엔 꼭 무슨 일들이 생긴다. 그저께도 의욕을 가득 안고 출근했는데 그룹 본부 측에서 내려온 급하고 중요한 업무를 처리하고 나니 오후 4시가 다 되었다. 그야말로 동에 번쩍 서에 번쩍 왔다 갔다 하며 일을 처리하고 나니 당이 떨어지고 허리가 다 아팠다.

엄청나게 계획적인 사람이 아님에도 불구하고 계획이 틀어지면 마음이 불편하다. 서초, 송파, 강남구를 관리하다 보니 높으신 분들과 관련해 처리해야 할 일이 안 그래도 많은데, 자꾸 당일에 갑작스러운 요청을 받게 되면 무척 난감하다. 그런 요청 하나 때문에 계획은 엉망이 될뿐더러, 이렇게 분주하게 움직여 해결을 하면 그나마 본전을 찾는 격이었다. 그래서 이런 날은 가급적 점심 메뉴를 고심해서 골라 맛있는 것을 먹으려 한다. 내가 좋아하는 메뉴로 점심을 먹으면, 역시 '나'를 중심에 두고 일하는 듯해 기분이 한결 나아진다.

회사란 당신이 힘들고 짜증난다고 알아주는 법이 없다. 상사가 달래주는 경우도 드물다. 회사나 상사에서 비롯된 기분이라 할지라도 해결은 스스로 해야 한다. 주변 사람들에게 하소연하고 투정 부리는 것도 한두 번이지 계속 그러면 상대방도 지친다. 이를 위해 우리 모두 자체 보상 시스템 일명, '자보시'를 개발하자.

와인사업부 근무 시절 시내에 있는 호텔들을 매일 돌아다녀야 했는데, 화창한 날에는 남산 하얏트 호텔에 가는 것을 참 좋아했다. 남산 소월길은 계절별로 색다른 매력이 있어 마치 드라이브하는 기분이 들었다. 예전에 '스타라이트'라고 불렸던 워커힐 호텔의 레스토랑도 기분 전환에 좋았다. 저녁이면 올림픽대로 차들의 헤드라이트가 별빛처럼 무수히 쏟아져 정말 스타라이트처럼 보였다. 워커힐 호텔은 경치도 좋은 데다 자연과 어우러져 있어 계절변화를 제대로 느낄 수 있는 곳이라 방문할 때마다 기분이 좋았다. 그래서 와인사업부에 근무할 때, 머리가 복잡하고 속 시끄러운 날에는 일부러 워커힐 호텔이나 하얏트 호텔을 방문했다. 지금 팀으로 온 뒤에도 머리가 복잡하면 조금 돌아가더라도 양재천 메타세쿼이아길을 따라 운전하고, 벚꽃이 흐드러지는 봄에는 일부러 시간을 내어 석촌호수도 한 바퀴 돌곤 한다. 인천공항 근처의 하얏트 호텔로 가는 날에는 일부러 공항에 들러 여행가는 기분도 내곤 한다. 정장 차림으로 출장 가는 사람 행세를 하고 오면 여행 기분이 나서 좋았다. 동생은 정신 나간 사람 같다고 했지만 말이다.

회사 생활이 많이 힘든 날에는 '일부러' 소비도 한다. 나를 위한 소비보다는 주변 사람들을 위한 소비다. 꽃을 좋아하는 엄마를 위해서 프리지아나 안개꽃을 한 단 사기도 하고, 주전부리를 좋아하시는 아빠를 위해서 비첸향 육포를 사기도 한다. 유행하는 디저트나 핫한 간식을 발견했을 때도 같은 아파트에 사는 친정 부모님이나 쌍둥이 동생네와 함께 먹기 위해 구입한다. 가족들은 보통 내가 사온 간식이 얼마나 핫한 건지 잘 모르고 그냥 먹는 경우가 대부분이지만 그저 맛있게 먹기만 해도 뿌듯하다. 식구들에게 좋은 것을 해줄 수 있다는 것에 스스로 위안을 삼으며 하루하루 회사를 견뎌내는 거다.

얼마 전 강의에서 20대로 돌아갈 수 있다면 어떤 걸 해보고 싶냐는 질문을 받은 적이 있다. 만약 그럴 수 있다면 술 마실 돈으로 S전자 주식을……. 농담이다.

음…… 아마도 그럴 수 있다면 취미를 다양하게 개발하지 않았을까 싶다. 어릴 적에는 술을 마시거나 노는 데만 돈을 썼지 별다른 취미를 갖지 못했는데 돌이켜 보니 후회가 많이 남는다. 코로나19로 외부 활동이 여의치 않게 되면서 본인만의 즐거움을 다양하게 찾는 게 중요하다는 것을 절실히 깨닫고 있는 중이다. 동생의 남편은 악기와 노래에 능해서 피아노나 기타를 치거나 트럼펫을 불면서 기분 전환을 한다. 대표적인 주정뱅이였던 친한 오빠는 근래에 가재 키우기에 푹 빠져서 술도 끊고 커피도 끊었다. 가재가 그려진 티셔츠까지 입고 다닐 정도로 애정을 쏟고 있다.

혹시 술이 취미인 분들이 있을지 모르겠다. 하지만 술은 보통 스트레스를 받았을 때 먹는 경우가 더 많지 않은가? 비록 내가 주류 회사에 다니고 술을 판매하는 게 업무지만, 많은 사람들이 스트레스를 술로만 풀지 말고 보다 건전한 '자보시' 시스템을 개발하면 좋겠다. 사실…… 술은 숙취랑 뱃살밖에 더 남지 않겠는가?

남의 평가는 나중에,
일단 나부터 예뻐해 주자

 〈유 퀴즈 온 더 블럭〉 출연 이후 다양한 곳에서 강연 요청이 들어왔다. 우선 본업에 충실해야 하고, 새로 추가된 회사 규정에 따르려면 외부 강연을 모두 다닐 수가 없기 때문에 본의 아니게 거절을 많이 했다. 중간에서 연결해 준 사람이 있어 영 거절하기 어렵거나, 상부에 보고할 만큼의 타당성이 확보된 것들만 알음알음 진행을 했다. 그렇게 하게 된 강연은 나에게도 유익한 시간이었다. 생각보다 많은 분들이 내 얘기에 귀 기울여 주고, 공감해 주고, 응원을 해주신 터라 오히려 내가 에너지를 가득 안고 돌아올 수 있었다.

처음으로 모교에 강연을 가던 날은 눈이 정말 많이 왔다. 소복소복 눈이 쌓인 고요한 세상을 운전하노라니 처음으로 '성공한 인생' 같다는 생각이 들었다. 한 해에 적어도 몇천 명의 졸업생이 있었을 텐데 모교에 특강을 서본 이가 얼마나 되겠나 싶었다. 더군다나 '후배들이 가장 보고 싶은 선배'로 나를 뽑아주었다 하니 더할 나위 없이 기쁘더라……. 강연료도 주시겠다기에, 괜찮으니 후배들에게 돌려주시라 멋있게 말한 터였다. 학생들이 학교에 내는 등록금이 얼마인데 강연료를 받겠는가!

그룹 내 계열사 중 한 곳에서 강연 요청이 온 적도 있었다. 인재개발 팀 대리님이 말씀하시기를, 평소 참여율이 높지 않았는데 꽃비 님 강연은 참여자가 초과되어 인원을 늘려서 준비했다고 하셨다. 내가 뭐라고 이리 관심을 가져주시다니…… 정말 감사한 일이다. 이번의 경우, 같은 그룹에서 근무하고 있는 직원들을 대상으로 한 강연이라 비슷한 경험이 특히 많았고 그래서 서로 깊은 공감이 가능했다. 강연 평가까지도 진행되었는데, '어색하게 교훈적인 이야기를 하기보다 실무자 입장에서 실질적이고 솔직한 이야기를 들을 수 있어 즐거웠다'는 코멘트가 있었다. 아무래도 많은 분들이 응원해 주시는 이유가 이 부분인 것 같다. 우리 모두 크게 다르지 않은 환경에서, 비슷한 경험을 하며 꿋꿋이 버텨가고 있다는 것. 그 와중에 지지 않고 굳세게 살고 있는 내가 한편으로는 대견한 게 아닐까 싶다. 유꽃비도 저렇게 해냈으니 나도 해낼 수 있다는 일종의 용기나, 나라면 저 상황에서 저렇게 못했을 텐데…… 하는 생각에 사이다 같은 통쾌함을 느끼시는 것 같기도 하다.

강연을 준비하면서 이 부분에 대해 곰곰이 생각해 보았다. 내가 유독 다른 사람들을 크게 신경 쓰지 않는다는 것을 말이다. 내가 미운털이 박히는 게 우려스러웠던 파트장님들께서는 나를 종종 만류하시지만 나는 '좋은 사람'이 되려고 회사에 들어온 게 아니었다. 여러분은 어떤 사람이 되려고 회사에 들어왔는지 궁금하다. 혹은 나중에 회사에 들어가면 어떤 사람이 되고 싶은가? 물론 나쁜 사람이 되겠다는 의미가 아니다. 각자의 입장이 있는 회사에서 모두에게 '좋은 사람' 소리를 들을 순 없다는 걸 이제 우리는 인정해야 한다는 것이다. 그렇다고 속상해 하기는 이르다. 업무적인 관계로 시작했어도 개인적인 고민과 어려움, 기쁨을 함께 나눌 수 있는 진실된 관계의 사람들도 있다. 같은 회사에서 일하니 공감이 깊고, 조언도 보다 실질

적이다. 이런 건강한 관계에서는 서로를 응원하고, 지지하고, 돕는다. 이러한 관계는 상대방이 회사를 떠난 뒤에 더욱 단단 해질 수 있다.

직장 생활의 꽃은 임원이 되는 것이라고 말하는 사람들이 있 다. 하지만 각자의 기준이 다 다르듯, 내 목표는 임원이 되는 것 이 아니다. 내가 정말 잘 가꿔나가고 싶은 것은, 현재의 자리에 서 다른 사람들에게 엄한 피해가 가지 않도록 열심히 하는 거 다. 그리고 후회도 남지 않을 만큼 열심히 근무하다가 등 떠밀 리기 전에 내 발로 우아하게 회사를 떠나는 것이 최종 목표다. 하나 더, 떠난 다음에도 회사에 남아 있는 후배들에게 아쉬운 소리를 절대 하지 않는 것! 언제일지 모르겠지만 내 송별회 날 많은 사람들이 참석해서 진심으로 아쉬워해 주고, 새로운 시작 을 축하해 준다면 그것으로 더할 나위가 없겠다. 나를 믿어준 사람들에게 긍정적인 영향을 미쳤던 사람으로 기억되면 그것 으로 충분하다.

너무 힘든 날은
퇴근하면서 일부러 운다

 예전부터 나는 남성들보다 여성들에게 인기가 많은 스타일이었다. 사회가 규정하는 '여성스러움'과는 거리가 좀 있어서 그런지 지나칠 정도로 솔직하고 당당한 모습에 많은 여성들이 대리만족을 느낀 것 같다. 방송 후에 들어오는 강연들도 여성분들 위주의 커뮤니티나, 단체가 많았다.

그래서인지 강연에서 가장 많이 받는 질문 중 하나가 가정과 일에 관한 것이었다. 어떻게 가정과 일을 잘 양립하냐는 것이었는데, 그런 질문에 오히려 다시 질문을 던지곤 했다. 제가 일과 가정을 잘 양립하는지 아닌지에 대해 어떻게 아시는지 궁금하다고 말이다. 물론 가정과 일을 잘 양립하기 위해 노력하는 중이다. 그러나 결코 쉽지 않은 일이고 하루하루가 도전이다. 아이가 7개월 남짓 되었을 때 복직을 했는데 친정 아빠 품에 안겨서 나를 배웅하던 사진을 보면 여전히 울컥한다. 사회적으로 예전보다 육아휴직에 훨씬 관대해진 분위기고, 감사하게도 우리 그룹이 여성 배려 관련 정책을 많이 시행하고 있지만 그럼에도 불구하고 일과 가정을 양립하는 것은 역시 녹록지 않다.

나는 아이에게 단 한 번도 "엄마, 아빠는 돈을 벌러 회사에 간다"라고 말한 적이 없다. "엄마, 아빠는 회사에서 중요한 일을 하고 있고 몇 시까지 출근하기로 약속을 해놓았다"며 아이를 설득했다. 실제로 내 업무에 자부심과 자긍심이 높고, 아이와 같이 하는 시간을 대신해 출근하는 만큼 그 시간이 헛되지 않도록 부단히 노력한다. 퇴근 후나 주말에는 아이에게 최대한 집중하기 위해 잠과 휴식을 기꺼이 포기한다.

그러나 당연히 힘들고 지치는 날도 있다. 나와 상관없는 일로 꾸중을 듣는 날도 있고, 인성이 부족한 거래처에서 감정적으로 힘들게 하는 날도 있고, 생각지도 못했던 문제가 터져 머리까지 터질 것 같은 날도 있다. 웬만한 일은 맛있는 점심 한 끼나 시원한 드라이브로 풀리지만 그 정도로 풀리지 않는 날도 분명 있다. 앞에서 말했던 고깃집 사장님으로부터 심한 욕을 들은 날도 사실 멘탈이 무너지기 일보 직전이었다. 보통 살면서 입에 담을 수 없을 정도의 욕을 들을 일이 별로 없지 않은가? 간신히 거래처 일은 일단락되었지만 내 멘탈과 마음은 일단락되지 않았다. 기분이 정말 말이 아니었는데 그렇다고 그 더러운 기분을 끌고 귀가할 수도 없는 노릇이었다. 그런 날은 일부러 차에서 한바탕 엉엉 울고 들어가곤 한다. (회사에서는 절대 울지 않는다.) 그러고 나면 속상함이든 분노든 확실히 마음이 풀리는 것 같다. 그래서 차의 암 레스트에는 언제나 티슈가 들어있다. 주유소 휴지는 눈물을 닦기엔 너무 뻑뻑하니까⋯⋯. 혼자 울기에 차만큼 적당한 장소가 없다. 양희은 님의 「엄마가 딸에게」라는 노래를 굉장히 좋아하는데 불후의 명곡 버전을 들으면 눈물을 더욱 뽑아낼 수 있다.

쌍둥이 동생과는 자존심 따위를 헤아릴 필요도 없이 모든 것을 공유한다. 동생이 나보다 1년 먼저 사회생활을 시작했는데 가족들에게 힘든 내색을 전혀 하지 않았다. 그러다 내가 직장생활을 시작하니까 그제야 본인 힘든 얘기를 나에게만 털어놓기 시작했다. 은행에서 근무하던 동생은 진상 고객 때문에 눈물이 나려던 순간에도 고개를 열심히 치켜올렸고, 시제가 맞지 않아 100만 원 남짓 되는 돈을 자기 돈으로 메꾼 날도 있었다. 그 얘기를 들으며 나는 "그 돈으로 술을 마셔도~"라고 했고, 동생은 "그 돈으로 할아버지 좋은 걸 사드려도~"라고 동시에 말해서 다소 민망했던 적도 있다. 이렇듯 성향은 확연히 다르지만 우리 모두 애써 견디고 있었다.

회사에서 쌓인 감정을 집으로 끌고 오지 않으려는 태도도 사실 동생에게 배웠다. 언젠가 내가 술을 많이 마시고 들어와서 거지 같은 상사 놈 때문에 짜증나고 힘들다며 회사를 그만두고 싶다고 운 적이 있다. 그때 부모님이 굉장히 놀라셨고 다음 날 나는 동생에게 호되게 혼났다. 그 이후로 차에서 혼자 울고 풀지언정 집까지 짜증나는 감정을 끌고 들어가지 않는다. 가뜩이나 술 회사 다니는 딸내미 몸 축날까 노심초사하시는 부모님인데 걱정을 더해드릴 필요는 없으니까……. 실제로 대리 기사님이 운전하실 때 뒤에서 혼자 운 적이 많아 몇몇 기사님들은 나를 사연 있는 여자로 오해하셨을 거다. (그저 회사 생활이 거지같았을 뿐입니다, 기사님들.)

어떤 정신과 의사선생님이 말씀하셨다. 직장 상사처럼 직접적으로 우리를 힘들게 하는 사람보다 내가 기댈 수 있겠다고 생각했던 사람이 기대에 못 미치는 반응을 보였을 때 우리가 더 분노하는 경향이 있다고 말이다. 이거야 말로 종로에서 뺨 맞고 강남에서 화내는 격 아닌가? 내 옆에 있는 사람이 나를 사랑하고 아껴서 곁에 있어 주고 위로해 주는 것이지 감정 쓰레기통이 되기 위해 있는 것이 아님을 항상 명심해야 한다. 직장 생활도 결국 행복한 삶을 살기 위한 방편인데 그 '방편' 때문에 소중한 사람들을 함부로 대할 순 없다. 결혼 후에도 밖에서의 안 좋은 감정을 집으로 가져오지 않기 위해 부단히 노력하고 있는데 신랑 눈에는 조금 부족한가 보다. 최근 신랑이 한 말에 의하면 내가 팀장이 되고, 부장으로 승진하더니 자기 의견이 더 강해지고 괴팍해졌다고 구박하더라.

"오빠, 그건 명백한 오해입니다. 저는 항상 제 의견이 강했고, 워낙 괴팍했습니다⋯⋯."

나 또한
베푸는 사람이 되자

나에겐 나이를 초월한 친구가 있다. 입사 첫날 댁에 모셔다 드렸던 바로 그 덩치 큰 대리님이시다. (지금은 팀장님이시다.) 아는 남자 어른 중에 가장 유쾌하고 재밌으신 분이다. 그런데 나는 아직도 그의 정확한 나이를 모른다. 동안이셔서 그렇지 아마 나보다 8살 정도 많지 않으실까 싶다. 이렇게 직급과 나이가 무색할 만큼 우린 인간 대 인간으로 진솔한 직장 동료였다. 지금은 다른 회사에 계시지만, 일주일에 적어도 두세 번은 통화한다. 입사 첫날의

강력한 에피소드도 있었고 워낙 후배들을 편하게 해주시는 분이라 금세 친해졌다. 더구나 원체 업무 능력도 뛰어나셔서 전국 판매 1등한 포상으로 원하는 부서였던 와인사업부에 오신 거였고, 이직한 회사에서도 가자마자 전국 판매 1위를 달성하시더라. 업무적인 센스가 좋으신 데다 스킬까지 탁월하시니 난공불락이었던 거래처에도 어렵지 않게 제품들을 입점시키고 매출도 내셨다.

팀장님과 알아온 15년 동안 상대를 막론하고 화내시는 모습을 단 한 번도 본 적이 없다. 회식 자리에서 싸움을 말리다 애꿎은 본인 턱에 상처가 났는데도 오히려 당사자들을 걱정하실 정도였다. 특히 팀장님은 사람 돕는 일을 그렇게 좋아하셨다. 본인이 이직할 때 능력 있는 헤드헌터 대표님을 알게 되었는데 그분께 주변 사람들을 적극적으로 소개하는 등 부단히 애를 쓰셨다. 실제로도 주변 사람 여러 명을 좋은 자리에 앉혔다. 팀장님이 소개한 분들은 지금 다 만족할 만한 자리에서 잘 지내고 계신다. 정작 본인은 크게 욕심내지 않고 심지어 양보까지 하셔서 붕우朋友로서 안타까움을 금치 못하고 있다. 왜 그렇게까지 남들을 도우시냐 물었더니 주변 사람들이 잘 되는 것이 기쁘다고 하셨다. 착한 일을 많이 하셔서 다음 생에 복을 받으시긴 할 텐데, 사람이 아니라 일개미로 태어나시면 어쩔 거냐고 놀리기도 했다. 그런데 하시는 말씀, 일개미도 커뮤니티가 있을 터이니 거기서 또 열심히 하겠다고 하시더라. 이런 팀장님을 보며 한편으로는 반성도 많이 했다.

　그래서 나도 내 사람들에게 보다 적극적으로 도움을 줘야겠다 마음먹었다. 근래에 했던 강연 중 질의응답 시간에 "이직하려는 후배의 마음을 어떻게 돌려야 할까요?"라는 질문을 받은 적이 있다. 나의 대답은 "후배의 마음을 돌리려 하지 말고 새로운 출발을 응원해 주세요"였다. 실제로 나는 부사수 2명을 이직시켰다. 내 부족한 부분을 채워주느라 불편하고 짜증도 났을 텐데 항상 친절하고 출중하게 일해준 고마운 이들이었다. 먼저 후배 H가 이직을 준비하던 회사에 내 지인이 여럿 있었다. 지인들이 회사에 하도 내 얘기를 한 모양인지 높으신 분들도 나를 아셨고 심지어 영업 총괄 임원분과는 술자리도 몇 번 가져서 친분을 쌓았던 터였다. 아끼는 후배인 만큼 좋은 조건의 자리로 가기를 바라는 마음에 지인들을 통해 H에 대한 좋은 얘기를 많이 해두었다. 반차를 쓰고 면접 갔던 H가 돌아와서 선배는 도대체 뭐하고 다니는 사람이냐고 물을 정도였다. 왜 그러냐 했더니 면접에서 그 회사 대표이사님께서 "자네가 꽃비랑

일하는 사람이야?"라고 물었다고 하더라. H는 당연히 합격했다. 기본적으로 H가 훌륭한 인재라 가능했겠지만 미력하나마 도움이 된 것 같아 기뻤다.

H가 퇴사한 뒤 나의 부사수였던 I도 이직을 준비했다. 어느 날 I가 헤드헌터에게 온 메일을 내게 보여줬는데 마침 신랑 회사였고 심지어 신랑네 부서의 자리에 대한 추천이었다. 광고쪽으로 감각이 있는 친구인 데다, 주류업계가 아닌 곳으로 탈카테고리 할 수 있다는 것이 매력적이라 신랑을 통해 적극 추천했다. 내가 하도 칭찬을 하는 게 이상해 보였는지 신랑의 팀장님이 I가 진짜 일을 잘하는 게 맞냐고, 그렇게 잘하는 친구를 네 아내가 이렇게까지 추천을 하겠냐고 의심할 정도였다. 나로서는 진심 어린 추천이었고 면접 후 최종 후보 2명 중에 I가 들었는데 내 추천이 I를 뽑는 데에 영향을 미쳤다고 전해 들었다. 역시 그 후로 I는 기발한 아이디어와 트렌디한 콘셉트로 성공적인 광고를 벌써 여러 편 만들어냈다.

우리 회사 복장이 비즈니스 캐주얼이다 보니 남몰래 이직을 준비하는 친구들은 면접이 잡히면 곤란한 상황에 맞닥뜨린다. 정장을 입고 출근하자니 너무 티가 나고 연차휴가를 쓰자니 업무적으로 곤란할 때도 있고 말이다. 이럴 때 후배들에게 최대한 도움이 되고자 했다. 내 차에 정장을 두었다가 면접 전에 옷을 갈아입을 수 있도록 했고 대중교통으로 가기 애매한 위치로 면접을 가는 후배는 직접 데려다준 적도 있다. 팀장이 된 후에는 능력이 출중한 팀원들에게 이직을 먼저 제안한 적도 있다. 모든 사람이 우리 회사에서 가장 큰 날개를 펼칠 수 있는 것은 아니니까! 근래 다른 부문에 결원이 생겨서 아끼는 직원을 적극적으로 추천하기도 했다. 추천 리스트를 취합하는 분께서는 내가 상대적으로 덜 필요한 팀원을 추천한 것으로 생각하셨다가 해당 팀원의 전년도 평가와 내 코멘트를 보시곤 그것이 아님을 알아채셨다. 팀원들에게는 다른 부서에 가고 싶으면 언제든 편하게 말해달라고 한다. 원하는 부서에 당장 보내줄 수는 없겠지만 미리 알고 있어야 후에 결원이 생기거나 인원을 충원할 때 적절하게 추천해서 보낼 수 있다고 말이다.

일을 잘하는 직원이 떠나면 내가 다소 힘들어지는 것은 사실이다. 그럼에도 불구하고 후배들의 인생을 진짜로 생각한다면 좋은 기회가 왔을 때 떠날 수 있도록 도와주는 것이 선배의 도리라고 생각한다. 함께 일하는 것도 물론 좋지만 그 누구도 타인의 인생을 책임져 줄 수 없으며 좋은 기회가 자주 오는 것도 아니다. 돌이켜 생각해 보면 누군가에게 도움을 줄 수 있다는 것도 기쁘고, 이직 얘기를 터놓을 만큼의 든든한 선배가 된 것 같아 기분이 좋다. 이래서 팀장님께서 그리 열심히 주변 사람들의 이직을 도왔나 보다.

내 자존감은
결국 나만이 끌어올릴 수 있다

10년 넘게 회사 생활을 하다 보니 저절로 효녀가 되어 있었다. 나같이 독한 사람도 이리 치이고 저리 치이다 보면 자존감을 지키기 어려운 순간들이 오던데……. 하물며 여리고 착하신 부모님은 얼마나 많은 것들을 참으며 우리 삼 남매를 기르셨을까?

자존감이나 회복탄력성이 높은 편임에도 불고하고, 열의를 가지고 진행했던 일이 예상치 못한 난관에 봉착하면 속상하기는 나도 마찬가지다. 최근 '처음처럼'이 리뉴얼된 후 또다시 세팅 건 업무가 늘면서 계획이 어그러지는 경우가 많았어서 조금 지치기도 했다. 이럴 때는 회복탄력성이 얼마나 팽팽한지 살펴보는 게 중요하다. 만약 탄력이 조금 늘어져 있다면 이걸 다시 팽팽하게 만들어주는 작업이 필요하다.

예를 들어 어렸을 적 나는 계산하는 내 모습이 멋져 보여서 지갑에 항상 10만 원짜리 수표를 한 장 갖고 다녔다. 입사 초반에는 망할 놈의 계산병도 있었다. 게다가 계획적으로 지출하지도 않아 입사 후 첫 번째 어버이날 때는 오히려 엄마의 도움으로 일부 카드값을 메꾸기도 했다. 지금 생각해도 정말 부끄러운 일이다. 그 일을 계기로 무계획적인 소비를 그만두었고 조금은 의미 있게 돈을 사용하기로 마음먹었다.

그래서 시작한 것이 해외 아동 결연이었다. 적은 돈이라도 매월 누군가를 위해 의미 있게 사용하고 싶어 시작한 일이었는데 당시 4살이었던 결연아동은 어느새 중학생이 되었다. 간간이 오는 소식지에는 아이의 사진과 내가 궁금해할 만한 정보들, 그리고 나에 대한 감사의 편지가 있었는데 일부러 수신지를 회사로 해두었다. 회사에서 결연아동 소식지를 받으면 다소 지쳐 있던 마음이 따뜻해지고 약간 떨어져 있던 자존감이 치유되었다. 가장 최근에 받은 소식지는 작년 크리스마스 때였는데 이제는 어엿한 아가씨가 되었더라. 눈망울이 반짝반짝 빛나는 아이 사진은 단 한 장도 버리지 않고 모아두었다. 저 멀리에 있는 누군가가 이렇게 아름답게 성장하고 있고, 거기에 내가 일조하고 있다고 생각하면 이루 말할 수 없이 기분이 좋아졌다. 크지 않은 비용으로 다른 사람도 돕고 나도 도울 수 있는 방법이었다.

신랑은 대학생 때 집 앞에 있던 국립암센터에서 어린이 환우들을 위해 봉사활동을 했다. 누가 시켜서 한 것도 아닌데 아가들이 안쓰러워서 매주 가서 놀아줬다고. (그렇게 착하게 살았는데 어찌 나랑 결혼했을꼬······) 그러고 보니 쌍둥이 동생도 대학교 친구들과 신촌에 있는 보육원으로 봉사를 다녔다. 나는 대학생 때 나만을 위해서 살았는데······ 주변 사람들은 스스로 봉사를 하고 있었다.

쉽지 않은 노력이라고 생각하던 차에 감사하게도 회사에서 여러 봉사활동 기회를 마련해 주었다. 입사 때야 강제로 '구룡마을 연탄 나르기' 봉사를 했지만 그 이후로는 자원해서 나갔다.

꽃마을 연탄 배달, 보육원 봉사, 폐현수막으로 에코백 만들기, 비누 만들기, 미혼모 아기들을 위한 양말로 인형 만들기, 구세균 봉사까지. CSR* 활동 공고를 보면 놓치지 않고 항상 참여했다. 누군가에게 미력하게나마 도움이 될 수 있는 봉사활동이 좀 더 나은 사람이 될 수 있는 하나의 방법인 것 같아 많은 사람들에게 추천하고 있다.

하지만 봉사와 달리 주변 사람들이 날 이해하지 못하는 것 중 하나가 토익 시험 응시다. 예전에는 그룹 내에서 과장 승진을 위해 일정 수준 이상의 어학 성적을 제출했어야 하는데 이제 그것과는 무관하게 토익 시험 응시를 그냥 즐겨 한다. 오로지 내 자신감을 위해서다. 어렸을 때부터 영어 공부를 좋아했어서 지금도 사이버 강의를 신청할 때면 전화 영어나 영어 관련 강의를 신청하곤 한다. 원어민식 농담을 배우려고 열심히 미드를 시청했던 적도 있다. 직장인이 된 후 별도로 토익 공부를 하지는 않았지만 종종 시험을 보면 850점 언저리를 받을 수 있었다.

이렇게 내가 잘할 수 있는 것들을 일부러라도 해보면 어떨까? 2020년에는 조주기능사 자격증을 목표로 삼기도 했다. 일단 필기시험은 우수한 성적으로 합격했으니 코로나19가 좀 잠

---

* CSR(Corporate Social Responsibility): 사회적책임의 일환으로 진행하는 봉사활동

잠해지면 실기 시험도 준비해서 최종 합격하고 싶다.

평일에는 회사와 집이 전부인지라 잠들기 전에 종종 인생 시계가 너무 빨리 흐르는 것 같다는 생각을 했다. 집에 와서 고작 TV만 봤는데 눈 감았다 뜨면 또 회사를 가야 한다는 사실이 너무 싫어서 다음 날 피곤할 것을 알면서도 일부러 핸드폰을 하다가 늦게 잠들곤 했다. 그러다 어느 순간 인생이 이대로 끝나버리면 어쩌지 싶었고 좀 더 생산적인 활동이 하고 싶어졌다. 그래서 외국어 공부도 하고, 자격증도 준비해 보고, 어학 강의도 듣고, 시험도 응시하고 있다. 동시에 여러 개를 하기는 벅차니까 한 번에 한 개씩, 작게나마 성취감을 얻는 활동을 꾸준히 하려 한다. 회사에서 일이 잘 안 풀리더라도, 그래서 자존감이 조금 흔들리더라도, 내가 이렇게 열심히 살고 있다는 것을 반증해 줄 수 있는 활동들이 나를 지켜줄 수 있도록!

여러분도 심적으로 많이 지쳐 있다면 꼭 거창하고 대단한 게 아니더라도 소소한 성취감을 느낄 수 있는 작은 일부터 시작해 보라고 권하고 싶다. 음…… 나는 일단 내가 좋아하는 히사이시 조의 「인생의 회전목마」 피아노 연주를 상반기 안에 마스터하고 싶다. 앞부분은 벌써 살짝 칠 수도 있다!

회사 생활을 하면서 눈물 겨운 순간들이 앞으로도 많을 테지만, 그럼에도 불구하고 우린 일잘러로서의 삶을 포기할 생각이 없지 않은가? 여러분도 하나씩 하나씩 각자의 커리어와 행복을 위해 작은 도전들을 이뤄나가는 한 해가 되길 진심으로 바란다.

7장 멘탈 꽉 잡고 간다

1. 이해할 수 없는 사람은 이해하지 말자

이해할 수 없는 사람, 이해할 수 없는 일들을 굳이 이해하려고 하지 말자. 당신의 중심만 잃지 않고 가면 된다.

2. 적당한 남 탓은 정신 건강에 좋다

조직에서는 보통 착한 사람이 손해를 본다. 꾸준한 내 탓보다는 적당한 남 탓이 정신 건강에 좋다.

3. 자체보상시스템 즉, '자보시'를 돌리자

스스로의 감정은 스스로 풀어야 한다. 산책이든, 취미든 일상 속의 '자보시'를 개발해서 당신을 케어하자.

4. 남의 평가는 나중에, 일단 나부터 예뻐해 주자

모두에게 좋은 사람이 되려고 애쓰다 정작 '나'를 잃을 수 있다. 당신부터 아끼고 사랑해 주자.

5. 너무 힘든 날은 퇴근하면서 일부러 운다

부정적인 감정의 찌꺼기들을 개인의 공간까지 끌어오지 말자. 감정 쓰레기통은 반드시 집 밖에 설치하자.

6. 나 또한 베푸는 사람이 되자

당신의 능력이 주변 사람들에게 도움이 될 수 있다는 것은 굉장히 기쁘고, 감사한 일이다. 최대한 주변 사람들을 돕자.

7. 내 자존감은 결국 나만이 끌어올릴 수 있다

자존감이 떨어졌을 때 다시 회복할 수 있는 당신만의 힐링 포인트를 찾자. 사회생활이 중요하긴 하지만 인생의 전부는 아니기 때문이다.

프로일짤러

1판 1쇄 발행 2021년 4월 20일
1판 4쇄 발행 2023년 9월 5일

지은이 유꽃비

발행인 양원석 **편집장** 정효진
디자인 김유진, 김미선 **영업마케팅** 양정길, 윤송, 김지현

펴낸 곳 ㈜알에이치코리아
주소 서울시 금천구 가산디지털2로 53, 20층 (가산동, 한라시그마밸리)
편집문의 02-6443-8847 **도서문의** 02-6443-8800
홈페이지 http://rhk.co.kr
등록 2004년 1월 15일 제2-3726호

ISBN 978-89-255-8872-8 (03190)